湖南大学高层次人才项目"中国特色社会主义法治体系构建研

"两翼理论"

视域下的科学传播行政规制研究

柏　坤　著

学苑出版社

图书在版编目（CIP）数据

"两翼理论"视域下的科学传播行政规制研究 / 柏
坤著 . —北京：学苑出版社，2024. 2
ISBN 978-7-5077-6932 6

Ⅰ.①两… Ⅱ.①柏… Ⅲ.①科普工作—行政管理—
行政法—研究—中国 Ⅳ.① D922. 104

中国国家版本馆 CIP 数据核字（2024）第 068536 号

出 版 人：洪文雄
责任编辑：乔素娟
出版发行：学苑出版社
社　　址：北京市丰台区南方庄 2 号院 1 号楼
邮政编码：100079
网　　址：www.book001.com
电子邮箱：xueyuanpress@163.com
联系电话：010-67601101（营销部）　010-67603091（总编室）
印 刷 厂：北京建宏印刷有限公司
开本尺寸：710 mm×1000 mm　1 / 16
印　　张：11. 75
字　　数：171 千字
版　　次：2024 年 2 月第 1 版
印　　次：2024 年 2 月第 1 次印刷
定　　价：98. 00 元

前　言

　　《关于新时代进一步加强科学技术普及工作的意见》中提出，科学技术普及是国家和社会普及科学技术知识、弘扬科学精神、传播科学思想、倡导科学方法的活动，是实现创新发展的重要基础性工作。2016年，习近平总书记在"科技三会"上发表重要讲话，深刻指出："科技创新、科学普及是实现创新发展的两翼，要把科学普及放在与科技创新同等重要的位置。没有全民科学素质普遍提高，就难以建立起宏大的高素质创新大军，难以实现科技成果快速转化。"[①]习近平总书记提出的"两翼理论"运用马克思主义世界观和方法论，深刻阐明了实现创新发展的基本规律，科学回答了我国创新发展的重大问题，是关于科技创新和科学普及工作的重要论述，同时明确了科学普及的定位，为新时代科学普及工作指明了方向。

　　当前，我国已经进入高质量发展阶段，随着知识生产模式的转变以及社会的多向度转型，科学普及的内涵和外延不断丰富扩大，逐渐由以政府和科学共同体等为中心的权威发布模式，走向以社会公众为中心的大众模式，由倡导公众理解科学知识、支持科学事业，转变为公

[①]　习近平.为建设世界科技强国而奋斗——在全国科技创新大会、两院院士大会、中国科协第九次全国代表大会上的讲话［N］.人民日报，2016-06-01（2）.

众参与科学的对话协商和决策模式，形成了科学普及、公众理解科学、公众参与科学、公众科学服务等多种科学传播模式共生共存的态势。

伴随新一代科技和产业革命深入变革，数字经济蓬勃发展，全球科技竞争与博弈持续加剧，世界进入新一轮历史性变革的"新常态"，科技创新成为大国博弈的关键和"生死手"。推动社会经济发展的关键要素由工业时代社会生产的"老三要素"（土地、资本、劳动力）逐渐演化为信息时代的"新三要素"（人力资本、科学技术、大数据）。高质量发展阶段，经济增长的新旧动能转换是发展的关键和基础，而科技创新是新旧动能转换的关键抓手。2023年7月，习近平总书记在四川考察时指出，以科技创新开辟发展新领域新赛道、塑造发展新动能新优势，是大势所趋，也是高质量发展的迫切要求，必须依靠创新特别是科技创新实现动力变革和动能转换。①在经济增长动能转换的过程中，创新驱动模式更多依靠自主创新，资源要素投入更注重人才、知识和数据，唯有充分释放科技这个第一生产力，激活创新这个第一动力，才能在新一轮竞争中掌握主动权，为高质量发展提供新的动力源泉。科技创新对于重构整体创新版图、优化产业结构、推进经济供给侧结构性改革等起到战略性支撑作用，为实现经济发展从量的增长到质的变化提供内部驱动力，依靠创新驱动，可以实现技术、知识、人才等无形要素的最优组合，创造出新的经济增长要素，以及相较于初级集约型增长更高水平的增长方式。

在推进科技创新的进程中，科学传播在全民科学素养提升、创新人才培养、创新生态建设、创新氛围营造等方面具有重要意义。科学传播

---

① 彭清华.推动新时代治蜀兴川再上新台阶　奋力谱写中国式现代化四川新篇章［N］.人民日报，2023-07-30（1）.

通过普及科学知识、弘扬科学精神、传播科学思想、倡导科学方法，可以提高全民科学素养、启发全民科学思维，构建社会化协同、数字化传播、规范化建设、国际化合作的科普新生态，营造创新氛围，鼓励科技成果转化，培育创新发展新动能；借助科学传播，可以增加科技创新曝光度，推动知识分配共享，让公众更易于接触、理解和体验一系列科技成果，通过推动技术转移和市场开放等方式，促进社会效益提升和科技创新；借助科学传播还可以形成全民合力，为国家创新硬实力和软实力提供有力支撑。

近年来，国家不断加大科普经费投入，全国科普经费增长趋势明显。根据科技部发布的2021年度全国科普统计数据，2021年全国科普工作经费筹集规模达189.07亿元，较2020年增长了10.10%，比2016年增长了近40亿元，增长26.45%。中国科普研究所发布的《国家科普能力发展报告（2022）》显示，"十三五"期间我国科普能力发展指数稳步提升，2020年达2.84，相较于2015年增长约40%。2023年中国科协公布的第十二次中国公民科学素质抽样调查结果显示，2022年我国具备科学素质的公民比例达12.93%，为我国进入创新型国家行列提供了有力支撑。另据中国科学技术发展战略研究院发布的《国家创新指数报告（2022—2023）》，中国创新能力综合排名不断提升，从2000年的第38位稳步攀升至2023年的第10位，成为唯一进入前15位的发展中国家。①

我国科学传播事业经过数十年发展，取得了显著成果，但依然存在对举国创新体制的支撑能力不够、传播方式不活、传播供给不足、传播能力不强等问题。全媒体时代，主流媒体、商业媒体以及自媒体成为媒体生态中的科学传播主体：包括通讯社、各级党委机关报、各级广播

① 张蕾，杨舒.我国创新能力综合排名上升至第十［N］.光明日报，2023–11–22（8）.

电台电视台以及由其创办的网络媒体在内的主流媒体是科学传播的主力军，肩负着舆论导向领路人、权威信息发布者及职业价值维护者的角色；包括商业网站、客户端等在内的科技类垂直商业媒体凭借贴近市场的优势，逐渐成为科学传播的重要组成部分，成为科学传播深度下沉的重要力量；依托社交媒体、网络聚合平台、视频平台的自媒体如雨后春笋快速勃发，丰富了科学传播的内容生态，成为主流媒体和商业媒体之外的有益补充，但也存在一些低质量的传播内容及虚假信息，影响科学传播的整体效能。科技发展的"双刃剑"特征及多元主体的价值差异，导致在科学技术与经济社会互动过程中出现诸多新问题，同时，也形成大量科技热点议题，公众对科学技术的影响高度关注。《中华人民共和国科学技术普及法》颁布实施二十多年来，国内外环境发生了重大变化，对法律修改提出了一系列新要求。2023年4月，科技部组织起草了《中华人民共和国科学技术普及法（修改草案）》，并向社会公开征求意见。其中，增加国家科普工作组织协调机制、强化主体责任、完善科普评价激励以及保障机制等是科学传播行政规制的具体内容。

行政规制是特定的行政主体所采取的，直接影响市场主体及其市场行为的，设立规则、制定政策、实施干预措施等行政活动的总称，既包括消极的限制性规制行为，又包括积极的引导性规制行为。[①]行政规制作为一种制度安排，其效益首先表现为公权力的主动性，相较于司法权"不告不理"的被动性而言，行政规制权具有主动干涉性，针对新兴领域法律法规不够健全完善、市场行为不够规范有序等问题，应用行政规制手段往往会产生及时、显著的规制效果。行政法律法规体系除法律、行政法规、部门规章、司法解释外，还包括数量庞大的行政规范

---

① 江必新.论行政规制基本理论问题［J］.法学，2012（12）：17–29.

性文件，能对新兴领域进行更为全面的规制，从而促进新兴领域及行业规范、有序、健康发展。因此，加强行政规制是推动科学传播事业高质量发展的重要路径。如何通过科学传播规制体系建设，促进科学技术与社会公众的良性互动，提升科技治理能力与水平，推动科学传播高质量发展，如何通过行政规制明确科学传播新的使命任务、组织管理及相关主体的职能定位、责任义务，如何以行政规制规范新媒体传播链条中的科学传播内容、渠道、方式等问题，是科学传播行政规制体系建设的重要关切。

当前，科学传播领域行政规制与行业发展仍不完全匹配，存在规制顶层设计不科学、规制权分配不合理、法规体系布局不完善、规制主体协同性不够、规制行为缺乏前瞻性、规制监督保障不到位等问题，亟待完善科学传播行政规制体系，明确科学传播行政规制的一系列关键问题，强化软性行政规制手段应用，推动科学传播行政规制向更加健全完备、协同高效的方向发展，为科学传播事业高质量发展提供重要基础性支撑。

考虑到上述科学传播及科学传播行政规制领域现存的一些问题，我们在本书的研究中，重点梳理了我国科学传播行政规制不同发展阶段的内在逻辑，探寻我国科学传播行政规制在规制理念、规制主体、规制范围等方面的演变规律，结合多样化的科学传播行政规制情境，剖析目前科学传播行政规制在规制主体联动性、政策法规完备性、规制行为有效性、评估监督科学性等方面存在的局限与短板，以期对问题的根源、特征以及解决路径建立较为全面的认知。围绕"应该建设什么样的科学传播行政规制体系""如何建设我国科学传播行政规制体系"等议题，本书以"如何推进'两翼理论'指导下的科学传播行政规制建设"为主题，剖析科学传播与行政规制的基本概念、理论渊源，分析我国科学传播行政规制的发展历程、问题挑战、运行机制，探讨推进科学传播行政规制的必要性。在借鉴总结域外科学传播行政规制经验的基础上，明确我国科学传播行政规制应遵循坚持人民至上突出民主规制、坚持政治导向突出引导规制、坚持系统思维突出协同规制、坚持区分情境突出精准规制、坚持效果导向突出有效规制的基本原则，并结合科学传播与科技创新协同发展的典型场景，从坚持以"两翼理论"作为行政规制行动指南、构建科学布局协调运行的协同规制框架、制定区分情境精准实施的分类规制策略、丰富围绕传播能力提升的有效规制手段、织密各类主体共同参与的严密监督体系等方面提出科学传播行政规制体系建设的对策建议，探索科学传播行政规制的实践路径。

科学传播走向公共领域，科学创新范式发生深刻变革，新型未来产业加速推进，公民科学素质普遍提升，大国博弈下全球产业链、创新链在分化中重构，科技创新在给人民带来福祉的同时，也在不断引发新的不确定性。"两翼理论"视域下的科学传播行政规制只有不断适应新变化，才能推动科学传播与科技创新的协同发展，有效支撑国家创新发展战略，助力中国式现代化的实现。探求构建科学传播行政规制体系建设的实施策略任重道远，希望本书能够激发读者的思考，并引发更深入的讨论和研究，更好地运用行政规制推动科学传播服务人的全面发展、服务创新发展、服务国家治理体系和治理能力现代化、服务推动构建人类命运共同体的新使命，这正是写作本书的初衷。

柏　坤

2024年1月于北京

第一章

科学传播行政规制研究的背景及思路

本章首先从介绍科学传播行政规制研究的背景出发，分析开展科学传播行政规制研究的必要性，并对科学传播行政规制的基本现状进行梳理，在此基础上提出开展"两翼理论"下科学传播行政规制研究的基本问题和总体思路。

（一）开展科学传播行政规制研究的必要性

创新发展理念要求以创新为核心，科学传播作为推进科技创新的重要"一翼"也需要与时俱进、创新发展。因此，加强科学传播的公共属性和完善科学传播行政规制是实现创新发展理念下科学传播新历史使命的重要举措。

1. 创新发展理念赋予科学传播新历史使命

创新发展是依靠创新实现发展的一种发展模式，与传统的初级发展模式相比，创新发展是发展的高级形态。创新发展作为"五大发展理念"之首，把创新摆在国家发展全局的核心位置，不断推进理论创新、制度创新、科技创新、文化创新等各方面创新，让创新贯穿党和国家一切工作，让创新在全社会蔚然成风。创新发展在国家发展全局中处于核心地位，当前，新一轮科技革命和产业变革正处在实现重大突破的历史关口，新科技革命同我国推动高质量发展形成了历史性交汇，我国创新发展既面临新的挑战，也面临重大机遇，随着全球创新版图多极化趋势进一步发展，主要国家不断加速科技创新前沿领域和未来产业布局，科技创新已成为国际战略博弈的主战场。党的十八大以来，以习近平同志为核心的党中央高度重视科技创新，坚持把科技创新摆在国家发展全局的突出位置，高度重视科技创新，深入实施创新驱动发展战略，开展国家创新体系建设，我国科技实力显著提升，为经济社会高质量发展提供了重要战略性支撑。世界百年未有之大变局背景下，机遇与挑战前所未有，在新一轮科技革命和产业变革背景下，唯有不断加大科技创新力度、提高公民科学素质、提升科技发展水平，才能掌握科创高地，阔步科技前沿，在复杂的国际科技竞争中取得战略主动。

科学普及是实现创新发展的重要基础性工作。知识经济时代，国家科技创新水平越来越依赖于全民科学素质的普遍提高，科普水平日益影响着国家的软实力，科普能力的发展，象征着国家科学技术水平和创造能力的进步。党的二十大报告将科普作为提高全社会文明程度的重要举措，强调"加强国家科普能力建设"。科学素质是国民素质的重要组成部分，全民科学素质的普遍提高，有助于建立大规模的高素质创新队伍，为科技成果快速转化提供坚实的人才保障和智力支撑。只有不断加强国家科普能力建设，才能推动先进科技成果有效融入公共认知与生产生活的各个环节，全面提升政治经济、社会文化等各方面发展建设成效。当前，社会公众对提升科学素养的需求日益旺盛，对权威科普知识的需求更为迫切，积极推动科学传播工作，增强公众的科学素养和科学意识，有助于引导公众了解最新的科学技术成果和科技创新的现状，帮助公众更好地理解科学对于社会发展和人类生活的重要性，激发公众对于科技创新的参与热情。现阶段社会各界科普工作的参与度仍有较大提升空间，带动更多科技工作者支持、参与科普事业，对促进全民科学素质提升、加快实现高水平科技自立自强具有重要意义。

2. "两翼理论"指引科学传播构建新实践模式

习近平总书记在2016年全国"科技三会"上的重要讲话明确提出："科技创新、科学普及是实现创新发展的两翼，要把科学普及放在与科技创新同等重要的位置。没有全民科学素质普遍提高，就难以建立起宏大的高素质创新大军，难以实现科技成果快速转化。"[①]"两翼理论"是习近平总书记一直以来高度重视科学普及思想理念的充分体现，也是习近平总书记关于科技创新一以贯之的思想结晶。"两翼理论"是习近平科技创新重要论述的组成部分，是习近平新时代中国特色社会主义思想的重要内容之一，为落实创新驱动发展战略做出了方向性指引，成为科技创新和科学普及工作的指导思想和行动指南，深刻阐明了实现创新发展的基本规律：只有协同科技创新的突破性力量与科学

---

① 习近平.为建设世界科技强国而奋斗——在全国科技创新大会、两院院士大会、中国科协第九次全国代表大会上的讲话［N］.人民日报，2016-06-01（2）.

普及的支撑性力量并形成强大合力，才能推动经济社会迈向全面创新发展。

3. 科学传播公共属性要求完善科学传播行政规制

科学传播的公共属性首先体现在对国家创新体系建设的基础性支撑作用上。国家科技创新体系是以政府为主导、充分发挥市场配置资源的基础性作用、各类科技创新主体紧密联系和有效互动的社会系统。科学传播是国家创新体系的重要组成部分，在培育创新主体、推动构建创新基础设施、集聚创新资源、营造创新环境、促进创新交流等方面均发挥着重要作用。随着科技创新的进步速度、发展水平和作用领域得到提升与拓展，科技创新范式发生深刻变化，科技创新和科学传播的价值链条形成双螺旋融合态势，二者交互推进、耦合上升，共同决定国家创新发展体系的效率与产出。此外，随着科学传播渠道的增多、受众群体的不断扩大，我国科学传播范式由公众理解科学到公众参与科学的转变，科学传播活动的公共属性也在不断强化，科学共同体与公众共同建构科学传播的公共领域。公共领域是指公民在私人领域交往中，对公共事务的讨论和批判形成舆论力量，进而影响公共权力机关、独立于私人领域的公共舆论领域。在公众广泛参与的全民科学传播视域下，新媒体对传统传播的中心化结构与新闻生产的把关机制造成了广泛的消解与冲击，蓬勃生长的社交媒体不断拆解假科学新闻传播的"壁垒"，自媒体传播平台因监管缺失，导致互联网科学传播内容良莠不齐，公众因受科学素养水平限制，客观上助长了谣言及伪科学的传播。这些不断出现的新现象、新问题和新风险，为科学传播行政规制带来了更多的复杂性和不确定性。加强科学传播行政规制，可以有效遏制科学传播中的失范现象，协调科学传播各方主体的利益关系，保障公共利益，促进国家整体创新、社会善治与和谐稳定。

新一轮科技革命和产业变革大大加快了知识的更新速度，带来了科学研究范式和学习方式的变革，越来越多的科技议题成为公共热点，需要引导公众与科学界进行有效对话，促进科技治理体系现代化。这些新趋势、新要求为科学传播行政规制赋予了新内涵和新目标。2022年9月，中共中央办公厅、国务院办公厅印发了《关于新时代进一步加强科学技术普及工作的意见》，对新时代科普高质量发展提出了明确要求，在指导思想中提出"构建社会化协同、数字化传播、规范化建设、国际化合作的新时代科普生态"。新时代科学传播工作要全面融入经济、政治、文化、社会和生态文明建设的新要求，要服务人的全面发展、服务创新发展、服务国家治理体系和治理能力现代化、服务推动人类命运共同体建设的新使命，需要加强科学传播行政规制体系建设，从关注经济社会整体发展视角出发，推动多元主体共同参与科学传播。

（二）科学传播行政规制研究的基本现状

科学传播行政规制研究涉及范围广泛，既要对科学传播基本理论和行政规制基本问题进行梳理研究，又要结合创新发展、"两翼理论"对科学传播行政规制提出的新要求进行系统思考。本书梳理了科学传播行政规制及相关领域的研究进展，并对我国和域外科学传播行政规制的研究成果进行整理，希望为读者呈现出较为全面的科学传播行政规制研究图景。

1. 科学传播基本理论成为研究热点

一是科学传播的理论研究

有研究者从科学传播模型划分入手展开研究，刘华杰总结了当前中国科学传播实践的三个模型：一是传统科普的中心广播模型，自上而下命令、教导，"知"与"信"中强调"信"；二是公众理解科学的缺失模型，自上而下教育与公关，"知"与"信"并重；三是有反思的科学传播的民主模型，公民接受义务科学教育，就科学技术事务可以参与协商，强调"知"和"质疑"。刘华杰认为基于中国的复杂国情，三种模型将长期并存并发挥各自的重要作用。[①]李黎、孙文彬和汤书昆在刘华杰三阶段模型基础上，进一步梳理当代中国科学传播发展的历史演进，认为随着科学传播理念的不断发展和实践的逐步深入，"三阶段论"中的有反思的科学传播阶段应代之以更加明确的公众反思科学阶段，在此基础上，进一步提出公众参与科学和公众科学服务两个新的阶段，共同构成科学传播"五阶段论"。[②]

科学传播研究范式同样受到学者的关注。贾鹤鹏、闫隽认为科学传播自诞生之日起，其主流研究就以科学社会学为主要研究范式，反思传统科普实践，为科学传播的主流实践从教育公众模式走向公众参与科学提供了理论基础，但公众参与科学模型遭遇的实践挑战也让批判的科学传播研究面临变革。与此同时，基于传播效果研究的主流传播学推动科学传播领域进一步发展，科学传播领域各大理论传统之间

---

① 刘华杰.科学传播的三种模型与三个阶段［J］.科普研究，2009，4（02）：10-18.

② 李黎，孙文彬，汤书昆.当代中国科学传播发展阶段的历史演进［J］.科普研究，2021，16（03）：37-46.

正在进行的碰撞与融合、中国科学传播实践的迅速发展以及中国科学传播所处的特定国情，为我国传播学者在该领域取得研究突破和理论贡献创造了机遇。[①]杨正认为中文领域内科学传播的理论研究对于缺失模型与对话/参与模型的过度依赖，使我国的科学传播研究陷入机械化与静态化的困境，通过对艾伦·欧文的"三阶"科学传播与情境化科学传播理论的梳理、分析与评价，为我国科学传播的理论研究提供了全新的、更为动态化的、去二元对立的、辩证化的思维视角。[②]

科普、科技传播和科学传播三者的称谓之辨也是既往研究关注的热点之一。吴国盛认为，当代中国的科学传播有三个名称——科普、科技传播和科学传播，分别代表科学传播的三个群体和三种模式。由中国科协所主导的科普是主流和正统，拥有国家主义、功利主义、科学主义的三重特征，近20年来有边缘化趋势。科技传播的研究者主要是传播学家，主要关注传播手段和传播效率，与科普理念没有冲突；科学传播的倡导者主要是科学史家和科学哲学家，挑战主流和正统科普的三大意识形态。[③]

近年来，学者对国外科学传播理论也较为关注。贾鹤鹏梳理了国际科学传播最新理论发展，提出中国情境可能为这些理论发展提供的资源，以及如何应用这些理论资源更好地丰富中国的科普理论与实践。[④]

---

① 贾鹤鹏，闫隽.科学传播的溯源、变革与中国机遇［J］.新闻与传播研究，2017,24（02）：64-75，127.

② 杨正.超越"缺失-对话/参与"模型——艾伦·欧文的"三阶"科学传播与情境化科学传播理论研究［J］.自然辩证法通讯，2022, 44（11）：99-109.

③ 吴国盛.当代中国的科学传播［J］.自然辩证法通讯，2016, 38（02）：1-6.

④ 贾鹤鹏.国际科学传播最新理论发展及其启示［J］.科普研究，2020, 15（04）：5-15，105.

刘兵、宗棕认为，科学传播是科技与社会领域的重要研究内容之一，也是过去20年较为活跃的研究领域之一，通过对国外几种重要类型的科学传播理论梳理发现，科学传播理论已经从静态的模式研究逐渐进入对异质性参与者的研究，其学科互涉性越来越强，同时对于具体科学传播活动案例的研究也成为科学传播理论研究新的生长点，从中可以考察决策制定者、专家、公众以及其他组织在科学传播中的互动关系及其对科学传播的影响。[①]

二是科学传播的实践研究

在科学传播实践研究方面，量化分析和话语分析等方法被广泛应用。金兼斌等基于果壳网2014年面向科学家群体进行的一项有效样本量为1468人的非概率调查得到的数据发现，科学家高度认可科学传播工作的意义和重要性，也有很强的主观参与意愿，但实际参与程度却较低，科学家对科普工作的知行反差现象明显。[②]杨正选取知乎为研究视野，对知乎平台上的转基因话题的科学传播现象开展基于批判话语分析的研究，以关注在新媒体科学传播过程中科学家群体作为科学知识的传播者的意识形态以及其边界设置行为的具体情况。研究发现，科学家群体在有关转基因的线上科学传播过程中采用一系列的话语边界设置手段，区隔了自身与公众之间的身份边界，并借此进一步维护

[①] 刘兵，宗棕.国外科学传播理论的类型及述评［J］.高等建筑教育，2013，22（03）：142-146.

[②] 金兼斌，吴欧，楚亚杰，林成龙，张雪.科学家参与科学传播的知行反差：价值认同与机构奖惩的角度［J］.新闻与传播研究，2018，25（02）：20-33，126.

了自身在转基因科学传播与科学讨论过程中的话语权威。①牛盼强以科技类微信公众号为例，基于经典的传播效果理论和科技传播的结构系统论，设计新媒体科技传播效果的评价指标，运用熵值法对我国具有代表性的科技类微信公众号的科技传播效果进行评价。评价结果发现：在"公众普及度""公众理解度""公众反思度"和"公众行为科学度"四个层级指标中，两端的"公众普及度"和"公众行为科学度"权重排名前两位，呈 U 字形曲线；从综合评价效果看，"科技企业"和"政府科技管理部门"排在第一梯队；从具体指标看，政府科技管理部门在"公众普及度"表现最好，民间传媒公司在"公众理解度"表现最好，科技企业则在"反思度"和"行为科学度"两个指标表现最好。②高宏斌、任磊、李秀菊等基于第十二次中国公民科学素质抽样调查的实证研究，分析我国公民科学素质的现状与发展对策，调查结果显示：2022年我国具备科学素质的公民比例达到了12.93%，不同区域公民科学素质的发展呈现出与其经济社会发展相匹配的特征，与2020年相比，各类群体的科学素质水平在快速提升的同时，农村居民科学素质增长幅度相对较大，女性公民科学素质水平提升较快，性别差明显缩小，中低学历人群科学素质水平明显提高，各群体的科学素质水平发展更加均衡；电视和互联网是我国公民获取科技信息的主要渠道，其中互联网已成为公民获取科技信息的首选渠道；我国公民对科学技术的看法更加理性，对科技创新保持高度关注和支持；我国公民科学素质水

---

① 杨正.科学传播与边界设置：基于科学家话语特征及权威建构的研究［J］.华中农业大学学报（社会科学版），2022（02）：185-193.

② 牛盼强.我国新媒体科技传播效果评价研究——以科技类微信公众号为例［J］.当代传播，2020（01）：48-51.

平提升速度较快，但总体水平仍然偏低，发展不平衡不充分的问题仍然较为突出。①

数字媒介素养、科学传播模式、公众参与科研等问题也成为近年研究的重点。刘娟采用问卷调查法，对中国科学院科学家数字媒介素养进行调查，结果显示，网络已经成为中国科学家日常使用的首选媒介，科学家媒介使用工具性强，对网络信息甄别能力自信，具备主动的媒介信息处理能力。②王志芳、贺占哲在对中国科学院科学传播工作进行调研的基础上，系统梳理了其近年来开展科学传播工作的模式，包括科学传播的政策、体系、活动及经费等，分析了中国科学院开展科学传播存在的问题，提出有关更好发挥其科学传播功能的建议。③公民参与科研方面，方可人、喻国明关注公民科研的国际实践，以知识图谱形式分析公民科研的国际研究现状，梳理公民科研管理、传播、研究等方面的导向与趋势，建构公民科研的传播理念与传播模式，为中国科技创新与科学普及发展提供参考借鉴。④唐菡容在分析人工智能发展趋势的基础上，从社会化协同、数字化传播、规范化建设、国际化合作四个维度，重点研究符合人工智能时代

---

① 高宏斌，任磊，李秀菊，胡俊平，黄乐乐，汤溥泓，苏虹，欧玄子，冯婷婷，李萌，杨建松.我国公民科学素质的现状与发展对策——基于第十二次中国公民科学素质抽样调查的实证研究［J］.科普研究，2023，18（03）：5-14，22，109.

② 刘娟.科学传播主体与公众对话——中国科学家数字媒介素养调查［J］.科普研究，2020，15（05）：49-56，109.

③ 王志芳，贺占哲.中国科学院科学传播模式研究［J］.科技传播，2015，7（02）：5-7.

④ 方可人，喻国明.参与式科学传播：公民科研的国际实践——基于知识图谱范式的分析［J］.东南学术，2020（04）：205-217，248.

特征的科普生态构建。①

　　面对融媒体给科学传播带来的新态势，邹冰洋认为，融媒体是当今传媒行业的发展趋势，科技传播也要顺应时代潮流，与时俱进，积极变革，但在享受融媒体红利的同时，也应始终坚持内容才是科技传播的核心和本质，权威、专业的信源始终是传播受众的刚性需求。②龙强、吴飞认为，科学传播在加强民众、媒体、专家互动的同时，应借用民众的叙事知识，特别是专家的公共话语应吸纳民众的叙事结构，对科学进行事件化叙述，将科学纳入生活世界之中，从而加深民众对专家及其科学行为的理解与信任。③

　　科学传播能力建设一直是实务界和理论界的研究重点。王挺、王唯滢、王丽慧基于我国科普能力的理论研究与建设实践，分析当前我国科普能力建设中的不足，探索服务新时代国家发展战略的科普能力发展方向，为加强国家科普能力建设、服务创新驱动发展、助力实现中国式现代化提出对策建议。④杨玉良分析科普的作用价值，认为科普有利于促进科学技术与社会的良性互动、提升科技治理水平效能，有利于提升公民科学素养、保障公民行使科学文化权利，有利于加强创新系统和创新文化建设，立足中国式现代化建设大背景，提出科普在人才培养、创

①　唐蔺容.构建符合人工智能时代特征的科学普及生态［J］.华东科技，2023（08）：98-100.

②　邹冰洋.运用融媒体发展理念提升科技传播效果［J］.今日科苑，2021（10）：41-47，58.

③　龙强，吴飞.社会理性、日常抵抗与反专家话语——当代中国科学传播失灵及其调适［J］.当代传播，2016（05）：48-50.

④　王挺，王唯滢，王丽慧.加强国家科普能力建设，服务新时代国家战略需求［J］.中国科学院院刊，2023，38（05）：740-747.

新发展、社会治理、对外开放等方面将大有作为。①佟贺丰、赵璇、刘娅通过全国科普统计调查工作，分析科普产品、科普出版、科普影视、科普游戏、科普旅游和其他科普营业收入相关数据发现，科普仍然面临产业规模偏小、产业上下游缺乏有效衔接、市场化水平较低、主体不活跃等诸多问题，在未来的发展中，还需要政府的长期扶持。政府应提升产业培育环境，引导消费者构建合理的需求市场，扩充产业主体规模、构建深层合作关系。②

科普评估是推动科普事业发展的重要手段，在科学传播中发挥着重要作用。近年来，在科普评估方面，邵华胜、郑念对我国科普评估的基础理论和发展方向进行系统研究，梳理2000年以来我国围绕科普能力和科普效果方面建立完善科普评估制度的历程，提出面对新时代科普高质量发展的要求，科普评估的发展方向也要与时俱进：一是加强科普政策评估，及时掌握政策的执行情况、效率和效能；二是扩大科普能力评估，充分考虑当前科普的新特点，将信息化、科技资源科普化、国际交流与合作等纳入科普能力评估范畴；三是强化科普效果评估，在科学知识普及效果的基础上，增加科学精神和科学家精神弘扬效果的评估；四是完善科普项目评估，明确科普项目在经济社会发展中的定位，在评估过程中加入反映促进经济发展状况的指标。③

对外科学传播研究方面，沈斌、王荣、郭毕冲认为我国主流媒体应

① 杨玉良.关于科学普及与中国未来发展的思考［J］.中国科学院院刊，2023，38（05）：720-725.

② 佟贺丰，赵璇，刘娅.中国科普产业发展管窥——基于全国科普统计调查的数据分析［J］.科普研究，2019，14（03）：58-65，112.

③ 邵华胜，郑念.我国科普评估研究的发展与展望［J］.科普研究，2022，17（05）：40-46，102-103.

加快推进科技传播工作的话语体系建构，打造融通中外的新概念、新范畴、新表述，让富有中国特色的科技表达成为国际社会熟知的科技议题，为加强国际社会的联系与互动、推动科技文化的形成与传承贡献力量。[①]冯小桐认为对外科技传播是提升我国科技成果国际影响力，吸引世界范围内多元主体参与中国科技建设，扩大世界市场占有份额的重要方式，应鼓励多元主体参与对外科技传播，推动不同传播媒介集团化、数字化运营，并妥善处理科技传播活动与国际政治经济事件之间的关系。[②]

三是"两翼理论"指引下的科学传播研究

科普提升公民科学素质，为实现中国式现代化提供重要支撑。王挺分析科普赋能中国式现代化的内在逻辑，梳理百年征程中党领导科普赋能中国式现代化的历史逻辑；阐述科普坚持人民性、突出引领性、注重科学性、赋予时代性、把握融合性、拓展开放性，并赋能中国式现代化的内在逻辑；分析在进一步加强国家科普能力建设、提升公民科学素质和丰富人民精神世界的使命目标下开展科普工作，助力中国式现代化奋力推进中华民族伟大复兴的实践逻辑。[③]郑永和、杨宣洋等从新时代科普建设的战略语境出发，厘清"两翼理论"指导下科普在个体发展与国家治理、人才培养与国家建设、成果转化与国家创新生态体系中的发展定位，分析国家科普事业发展的突出短板，提出要超越科普

---

① 沈斌,王荣,郭毕冲.建构国际话语体系 多维传播中国科技 [J].新闻战线,2023（13）：69–71.

② 冯小桐.数字时代的对外科技传播新思路 [J].对外传播，2022（11）：30–32.

③ 王挺.科普赋能中国式现代化的内在逻辑 [J].科普研究,2022,17（05）：5–12,101.

工作、科普资源、科普产业等方面的局部问题视角，找准新时代科普工作的切入点和着力点，转向从科普工作、组织、管理等体系层面提供系统性解决方案，为推动国家创新发展、建设世界科技强国助力。[①]牛盼强从科学普及相关概念入手，分析科学普及与科技创新关系研究的演进路径，指出科学普及与科技创新的关系与人们对二者认识的深入密切相关，这种关联源自不同科普阶段的对象、目标与科技创新主体的关系，并且二者的关联随着媒介发展而增强。在传统科学普及下，二者基本没有关联，也缺少相关研究；在公众理解和参与科学下，理论和实践都提出了科学普及与科技创新之间存在密切联系；现代科学传播阶段，科学普及上升到开放式科技创新和科技创新体系层面。未来研究应该基于现代科技特别是新兴媒介科技，采用质化、量化等多种研究方法，研究二者关系的理论、机制，解决新时代中国急需解决的关键创新问题等。[②]

还有研究者对我国科普资源配置与区域科技创新耦合协调度展开研究，魏巍、周海球、姚婷、郭阳选取2015—2019年31个省份区域的统计数据，构建科技创新与科普资源配置耦合协调模型并进行实证分析。结果表明，在时间上，31个省份耦合协调度呈上升趋势；在空间上，各省份耦合协调度差距存在不平衡的现象，总体上东部地区＞西部地区＞中部地区＞东北部地区，大多处于高水平耦合阶

---

① 郑永和，杨宣洋，徐洪，卢阳旭．"两翼理论"指导下科普事业发展路径的思考［J］．科普研究，2022，17（01）：13-18，32，100.

② 牛盼强．科学普及与科技创新关系的演进［J］．科学管理研究，2023，41（05）：22-26.

段良好协调状态。^①

2. 行政规制相关理论研究日趋完善

一是行政法的治理逻辑研究

行政法的治理研究方面，罗豪才、宋功德认为与国家管理模式相契合的行政法，因过分夸大公私益的紧张关系，过分强调行政优益性，过分聚焦行政行为，过分重视命令—服从，导致行政法逻辑的扭曲和行政法制化正当性的削弱。正在崛起的公共治理模式要求确立一种因认同而遵从的行政法治理逻辑。为此，第一，要反思行政法的治理机理，通过维护公共理性推动解决私人选择失灵问题，从收用行政、给付行政、秩序行政和合作行政四个方面统筹重塑公私交融的行政法利益基础。第二，在"还原"行政法行动场域的基础上，依靠针对性的机制设计来塑造行政法主体角色。第三，将认知和建构行政法的视角从行政行为拓展至交涉性行政关系，遵循比例原则，设定一个行政支配性/公民自主性组合关系的谱系。第四，建构一套行政法商谈框架，运用360°商谈模式寻求行政法效力的普遍认同。与此种治理逻辑相契合的行政法呈现为非对称性平衡，它集中体现为行政与公民双方在权能上的势均力敌。^②

江必新系统梳理了有关行政法律规范现代化的若干问题，认为行政法律规范现代化是新时代深化依法治国实践的重要途径，是提升法

---

① 魏巍，周海球，姚婷，郭阳.我国科普资源配置与区域科技创新耦合协调度研究［J］.科技和产业，2023，23（14）：140–146.

② 罗豪才，宋功德.行政法的治理逻辑［J］.中国法学，2011（02）：5–26.

治现代化、国家治理能力现代化水平的必然要求。为回应现代化的现实需求，行政法将迎来一场历史性的变革：应做到积极促进传统行政法向现代行政法的转型，实现消极控权向积极制约监督的转变、公私法分立治理向融合治理的转变、单一规则向多元规则的转变、更多的刚性向更多的柔性的转变、单纯的监管向服务＋监管的转变、主要依靠行政主体的监督向借助自治和社会组织协理的转变；全面规范行政主体的行为，将特别权力关系、事业单位和公用企业纳入公法调整范围，达到行政法律规范对行政关系的全覆盖；在法律规范的合正义性、有效性和可操作性方面狠下功夫，实现行政法律规范的科学化；运用大数据推进精细化立法，加快数据方面立法，建立现代科技手段应用规则，促使行政法律规范适应信息化社会；提倡行政法法律渊源的多元化，建立合法性、合宪性的审查机制，确保行政法律规范的协调统一。[①]

于安认为，数字行政法的演化和形成是行政法发展史上最重要的一次变迁，公共行政变革及其形成的新行政范式总会对行政法构成挑战并促使其创新发展，对传统行政法进行制度更新和构建数字行政法体系，是我国行政法发展的新使命。[②]

二是关于规制的研究

有学者强调规制的分权与合作，湛中乐、郑磊认为，新行政法和规制理论主张在社会性规制领域引入综合规制框架，以平衡自由与安全价值。但在中国语境下，行政与司法的"不完全合作"、社会组织的

---

① 江必新.行政法律规范现代化若干问题研究[J].法律适用，2022（01）：3–11.

② 于安.论数字行政法——比较法视角的探讨[J].华东政法大学学报，2022，25（01）：6–17.

"未完全成熟"以及市场自律机制和诚信文化的薄弱，提醒我们应当注意综合规制的两个前提条件：科学的分权与充分的合作。科学的分权既包括国家与社会之间的分权，也包括行政和司法之间的分工；充分的合作既包括公私间合作，还包括机构间、地方间和国家间的合作。若要综合规制真正具有实效性，还必须在社会性规制的组织结构、政策工具、责任分配等方面展开整体设计。但这绝不意味着在中国谈综合规制为时过早，恰恰是成就新型国家与社会关系、推进公共治理转型的契机。①

在公共规制中的路径选择方面，宋亚辉认为，在现代工业社会，如何规制公共风险是立法者面临的难题。梳理两大法系国家的公共规制法律发展史发现，行政规制和司法控制是两种典型的规制路径。对于如何选择最佳路径问题，20世纪70年代以来，理论上经历了替代性分析和互补性分析两个阶段。其中，替代性分析支持单一的规制路径，而互补性分析则主张两种路径的合作。进入21世纪后，新规制理论学派提出了公共规制的"第三条道路"理论，主张合作规制不仅是行政规制和司法控制两种路径的联合使用，还包括更为丰富的内容，倡导灵活的、综合性的规制模式，它实质上是合作规制模式的深化。中国公共规制法律顺应世界公共规制潮流，选择了合作规制模式。然而，依据新规制理论，中国的合作规制尚有待深化和转型。②

三是行政规制基本问题研究

江必新认为，行政规制行为作为一种综合性的行政活动，可以归

---

① 湛中乐，郑磊.分权与合作：社会性规制的一般法律框架重述［J］.国家行政学院学报，2014（01）：71-75.

② 宋亚辉.论公共规制中的路径选择［J］.法商研究，2012，29（03）：94-105.

入传统的广义行政行为体系。行政法视角的行政规制研究，要借鉴其他学科的成果，更要注重体现行政法学的自身特点，重点研究行政规制权、规制主体法律地位、规制行为的合法性、对规制主体的规制、被规制主体和利害关系人法律地位及权利救济等问题。我国行政规制的发展，不是简单的强化或者放松的路径抉择，而是要立足中国的现实，运用历史分析以及成本效益分析等方法，区分不同领域、因地制宜，有进有退、快慢结合，并且重视规制手段的选择与不同领域内不同目标的相适应性等问题，科学构建和不断完善符合市场经济的现代行政规制制度体系和实现机制。[1]

围绕中国行政规制的合理化，杨建顺认为，改革行政规制的核心任务，是推进整合优化规制系统，以解决行政规制合理化问题。改革的指导原则应当是落实行政程序的三大基本原则：公正原则、效率原则和公开原则。具体推进行政规制的改革，则应从两个方面着手：一是深化行政规制的法制建设，二是注重行政规制的关联性制度建设。完善行政规制的法制建设包括三大部分，即行政规制决策、行政规制运行及行政规制监督和责任。这三部分的法制建设完善相辅相成，共同构成行政规制的法律制度。[2]

还有学者考察了域外行政规制的发展情况，曾祥瑞、佟连发从日本行政法中规制的内涵入手，就规制缓和的理念与规制的缓和进行分析。[3]

① 江必新.论行政规制基本理论问题［J］.法学，2012（12）：17-29.

② 杨建顺.中国行政规制的合理化［J］.国家检察官学院学报，2017，25（03）：82-104，173-174.

③ 曾祥瑞，佟连发.日本行政法中的规制与规制的缓和［J］.辽宁大学学报（哲学社会科学版），2004（06）：140-144.

3. 科学传播相关政策研究逐渐升温

一是我国相关政策法规演变研究

有学者按照时间脉络系统分析了我国科学传播相关政策法规的演变规律。王丽慧、王唯滢等以中华人民共和国成立以来颁布的科普政策为研究对象，根据政策目标、内容和主体等要素进行阶段性划分，总结我国科普政策体系发展的特征。研究发现，科普政策目标各有侧重，聚焦不同的对象、内容和领域，推动了国家科普事业的发展。在科普政策的推动和影响下，科普工作也体现出鲜明的历史特征，从以宣传知识为主的普及工作转向了以素质提升为目标的综合性工作。[1]任福君梳理了 70 年来我国出台的科普政策的历史背景、主要类型、主要内容和实施效果等，比较客观地描述了我国科普政策体系变迁的历史过程。在进一步完善科普政策体系、提升科普政策效应、强化机制建设、创新科普法制建设等方面提出了我国未来科普政策体系建设的展望，为新时代科普事业的进一步跨越式发展，提供政策依据和决策参考。[2]邱成利、秦秋莉、靳碧媛着重分析我国近30年科普事业的发展历程，从科普税收、科普创作、科普基础设施、科普宣传、科普奖励、科普人才6个方面进行科普政策效应分析，发现当前阶段我国存在科普税收政策不完善且具有分散性、科普基础设施规范化不足等方面的问题，提出新时代鼓励科普事业发展的对策，为进一步推动我国科学素质建设提供可参

---

[1] 王丽慧，王唯滢，尚甲，王挺.我国科普政策的演进分析：从科学知识普及到科学素质提升 [J].科普研究，2023，18（01）：78-86，109.

[2] 任福君.新中国科普政策70年 [J].科普研究，2019，14（05）：5-14，108.

考性依据。①

　　还有学者从多种视角对科学传播相关政策进行分析，刘兰剑、许雅茹基于倡导联盟框架对 1949 年以来我国的科普政策变迁进行研究。结果发现，在科普政策漫长的变迁过程中，基于不同的信念体系形成了政府主导联盟和民间力量联盟两大联盟，其中政府主导联盟占据优势地位。两个联盟不断进行政策取向的学习以缓和彼此关于科普事业建设和科普产业发展的对立与分歧，并调整各自的信念体系，再加之外部因素的影响，推动我国科普政策向有利于科普产业发展的方向发生变迁。②胡兵、彭伊婷将《关于新时代进一步加强科学技术普及工作的意见》与《关于加强科学技术普及工作的若干意见》进行对比分析，总结这两则政策提出时在文化、经济和政治语境上的差异，理解不同时代科普政策提出的背景因素。通过对比这两则重大科普政策在科普目标、科普主体、重点科普对象、科普渠道和科普任务方面的变化，揭示新时代科普工作的特色；结合新时代科普理念的提升，深入探究新政策在全面加强科普能力建设方面的引领作用；就如何落实新的科普政策和发展科普事业阐明观点并提出建议。③张思光、向小薇、周建中认为科普法治建设是落实关于科技创新与科学普及的"两翼理论"、实施大科普战略的重要保障，通过系统回顾，探讨了我国科学技术普及的法律和制度建设发展脉络、当前状况和存在的不足，分析了当前面临的

① 邱成利，秦秋莉，靳碧媛，赵爽.中国科普政策效应分析及发展对策研究 [J].创新科技，2021，21（12）：1-10.

② 刘兰剑，许雅茹.基于倡导联盟框架的我国科普政策变迁研究 [J].科学管理研究，2023，41（01）：17-26.

③ 胡兵，彭伊婷.科普三十年：从重大科普政策看我国科普理念与引领能力的提升 [J].科技传播，2023，15（01）：1-6.

新形势与新挑战。在"两翼理论"的指导下，提出了加强科普法治建设的相关建议，以期为大科普战略与国家科普能力建设的实施夯实法律保障。[①]

二是政策工具视角的量化分析研究

量化研究一直是科学传播相关政策法规研究的常用方法。刘玉强、单孟丽、张思光以我国1994—2020年648项国家层面的科普政策制定主体为研究对象，从政策主体、政策类型、政策力度三个维度对我国科普政策制定主体协同演化进行量化研究，分析发现：我国科普政策制定主体协同规模量呈现出由初步发展到快速发展，再到稳步发展的演进趋势；主体协同网络呈现出由"分散—耦合型"到"中心—边缘型"再到"松散型"的演进特征；主体合作网络协同的广度和深度不断拓展；促进我国科普政策制定主体合作协同的保障性制度还需进一步加强和完善。最后结合特征分析，聚焦提升我国不同政府部门和人民团体在科普政策制定上的主体协同，增强科普政策成效，提出政策建议。[②]

张根文、都江堰以2000—2021年国家部委颁布的科普政策文本作为研究对象，从政策工具、政策目标和政策时间三个维度入手，构建分析框架并展开研究。从分析结果来看，我国科普政策工具在使用过程中，存在使用结构不平衡、组合配置不科学、方法措施不均衡、稳定性不足等问题。对此建议，政府部门在制定科普政策时，可着眼于平衡

①　张思光，向小薇，周建中.关于实施大科普战略的法治保障研究 [J].中国科学院院刊，2023，38（05）：748-754.

②　刘玉强，单孟丽，张思光.我国科普政策制定主体协同演化研究——基于1994—2020年政策文本的分析 [J].科普研究，2022，17（03）：62-71，108.

政策工具使用数量，优化使用结构；促进政策工具功能互补，实现科学组合配置；调整政策目标聚焦程度，达成均衡发展；增强政策工具执行稳定性，实现规范有序运行，进一步优化和完善科普政策的制定与执行。①

孔德意以政策工具为视角，利用内容分析方法，通过构建政策分析框架、确定分析单元、编码归类、信度分析、频数统计等步骤对科普政策工具的选择情况进行分析。研究得出，环境型政策工具显分化之态，供给型政策工具呈均衡之势，需求型政策工具突缺位之形。其中，供给型政策工具主要体现为政策对科普事业的推动力，指政府通过对设施、信息、资金和服务等方面的支持扩大供给面，改善科普事业相关要素的供给状况，推动科普事业可持续发展。环境型政策工具主要体现为科普政策对科普事业的影响力，指政府通过税收优惠、法规管制、财务金融等一系列工具进行政策调控，为科普事业发展提供良好的政策软硬环境和发展空间。需求型政策工具指政府通过对科普事业的扶助，降低外部因素对科普的不良影响，通过科普产业发展夯实科普事业建设的阵地，从而对科普事业发展进行有效的牵引。②

刘娅、佟贺丰、赵璇等以"十二五"期间我国政府部门和人民团体发布的 254 份科普政策文本为研究对象，从文本的外部特征和内容特征两个视角进行深入分析。研究显示，"十二五"期间科普政策是我国政府部门和人民团体推动科普工作顺利进行的有力推手，科普政策分

---

① 张根文，都江堰.政策工具视角下我国科普政策研究——基于2000—2021年政策的文本分析［J］.科普研究，2023，18（02）：9-18，110.

② 孔德意.基于内容分析法的我国科普政策工具分析［J］.科普研究，2019，14（03）：19-25，109-110.

布上整体呈现以科协为主、其他部门为辅的格局，科普政策工作内容覆盖面广、具有部门特色，多元化政策工具是科普政策得以落地的有力支撑，科普政策存在部门不均衡、发展性不足以及宣传不到位等问题。在此基础上，文件提出了强化部门科普工作政策意识、加强部门联合与协调、政策设计适应时代需求、完善政策传播渠道等建议。[①]

胡卉、杨志萍、廖宇以相关部门和机构发布的科普政策文件为研究对象，对各项政策文本中科技工作者从事科普工作的有关规定进行调研和梳理，抽取核心关键词绘制政策内容的知识网络图谱，分析和揭示我国科技工作者相关科普政策的现状与构成要素。研究结果显示，科技工作者科普工作的政策要素可从科普前置阶段、科普过程阶段、科普后续阶段三个流程，以及外部环境与自身行动两个维度，归纳概括为项目要求、激励机制、组织动员、能力培训、机构支持、经费保障等17项构成要素，同时从顶层设计、合作机制、角色定位、内容体系、传播模式等方面对未来科普政策的规划和修订完善提出展望和建议。[②]

4. 域外典型经验研究成果不断丰富

对于域外科学传播政策制定和实施的研究，可以为我国科学传播行政规制提供参考借鉴。赵玉龙、鞠思婷、郭进京等以美国、英国、日本、韩国、澳大利亚、加拿大等部分发达国家为对象，采用文献调研法和网络调研法收集整理相关资料，从科学传播政策的制定理念、制定过

① 刘娅，佟贺丰，赵璇，高蕾，焦一丹. "十二五"期间我国政府部门和人民团体科普政策文本研究 [J]. 科普研究，2018，13（01）：15-24，104-105.

② 胡卉，杨志萍，廖宇. 基于知识网络图谱的我国科技工作者科普政策分析与发展展望 [J]. 科普研究，2021，16（05）：42-50，101.

程、倡导内容、实施机制以及效果评价等方面进行研究分析，提出我国科学传播政策的制定与实施应符合本国阶段性目标要求等观点。[①]李秀菊、张超、任福君研究发现，很多科技发达国家都将科学传播作为重大科研项目的有机组成部分，以促进公众对科研项目的了解。欧盟框架计划主要通过两种途径来增进基础研究与科学传播的结合：设置独立的科学传播板块和在非科学传播项目中嵌入科学传播内容。[②]杨娟从亚洲、欧洲、美洲和大洋洲中分别选择中国、英国、美国和澳大利亚这四个国家的科学传播政策作为比较研究的对象，探析我国科学传播政策与上述国家的差异，为我国科学传播政策体系的完善提供可借鉴的国际经验。[③]李攀对西方科学传播法治的立法模式、立法理念、立法重点、立法技术四个方面进行了较为全面的梳理和总结。[④]刘克佳认为，美国的科普工作形成了政府、学校、研究机构、企业、民间组织等社会各个层面共同参与、协同推进的体系，科学传播活动具有面向全体公众、强调科学探索、充分发挥市场机制、形成完整科普产业链等特点。[⑤]张香平、刘萱、梁琦以英国研究理事会的科学传播政策与实践为案例，对英国近年来的创新政策中对科学传播与普及工作的战略部署进行梳理，特别是科学基金会等科研项目资助管理机构，对科研项目立项、执行、验收

---

① 赵玉龙，鞠思婷，郭进京，杨思飞，陈秀娟，欧阳峥峥.发达国家科学传播政策分析以及对我国的启示［J］.科普研究，2022，17（03）：72-82，104，109.

② 李秀菊，张超，任福君.欧盟框架计划中基础研究与科学传播结合的政策分析与启示［J］.中国科技论坛，2012（06）：144-147.

③ 杨娟.中英美澳科学传播政策内容及其实施的国际比较研究［D］.西南大学，2014.

④ 李攀.西方科学传播法治对我国《科普法》修订的借鉴价值探析［J］.科普研究，2022，17（02）：92-94.

⑤ 刘克佳.美国的科普体系及对我国的启示［J］.全球科技经济瞭望，2019，34（08）：5-11.

以及成果发布各环节的管理规定进行分析。对英国在国家创新体系中的科学传播与普及政策设置理念、路径选择以及最佳实践进行了系统研究。① 王蕾、杨舰从日本历年《科学技术基本计划》及其文部省相关国策、政府预算及其科研经费、科技人才战略等方面入手，对21世纪日本科学传播相关国策进行了系统梳理。②

5. 相关领域行政规制研究引发关注

科学传播行政法视角下规制研究的关键问题，诸如规制合理性、规制权配置、规制行为合法性、对规制主体的规制等问题，近年的研究成果并不多见，学者主要从分析科学传播的法律角度展开研究。如：易玉、何林认为科学传播法律具有调整范围特定、调整方式独特等特点，主要发挥指引、预测、评价、强制、教育等功能。③

有学者从行政管理的角度展开科学传播主体责任方面的研究。王明、宋黎阳认为，加强政府应急科普必须首先界定应急科普的主体责任，明确政府的应急管治权、科学家工作者内容生产权和媒体信息传播权的责任范畴，完善三方主体责任认定、责任追究、责任监督与失责救济体系，在法律框架下构建三方协同机制。④

网络谣言和网络平台的行政规制是近年研究热点。卢博认为网络谣言本质上是主体自身对言论自由的滥用，关涉公民权利和社会秩序

---

① 张香平，刘萱，梁琦.国家创新体系中科学传播与普及的政策设置及路径选择——英国研究理事会的科学传播政策与实践的案例研究［J］.科普研究，2012，7（01）：5-10.

② 王蕾，杨舰.21世纪日本科学传播相关国策综述［J］.科学，2016，68（02）：56-59.

③ 易玉，何林.论科技传播的法律规制［J］.法学杂志，2006（04）：59-61，75.

④ 王明，宋黎阳.应急科普主体的法律责任及其保障研究——以政府、科学家、媒体三方合作为框架［J］.科普研究，2022，17（02）：39-46，100.

问题，已成为网络空间治理的重要内容之一。行政规制是网络谣言治理中最常用的手段，但其受到社会价值倾向的偏离、言论自由界限的模糊、行政主体的信任危机以及刻板印象的"先验性"参与等异常因素的影响，制约了其网络空间的治理效能。对此，行政机关在自身对谣言概念进行甄别的基础上，积极引导社会成员明晰言论自由的界限，从源头处干预网络谣言的生成。且行政主体可以通过行政认定机制、依法规制机制、行政救济机制、反谣言机制等途径，从行动上践行法治治理理念，引导多元主体参与网络谣言共治实践。①黄卫东认为对网络平台的行政规制有利于推动数字经济良好发展，营造风清气正的网络生态环境，但网络平台行政规制的传统模式是以威慑处罚为主的制裁威慑模式，这种"粗放型"的规制模式容易遭受执法"威慑陷阱"，造成监管乏力，亟须做出调整。企业合规治理在我国的探索发展为网络平台行政规制提供了一条理想且可行的路径，对网络平台的行政规制应当由制裁威慑转向行政合规治理。从理论与实践发展来看，网络平台行政合规治理具有多重优势，同时也面临诸多现实挑战。为此，有必要从行政合规治理理念树立、治理制度安排以及治理重点明晰三方面具体着手，推动网络平台行政合规治理实践发展。②

在公共卫生事件的行政规制研究方面，董妍、王纪尧认为公共卫生事件管理存在风险识别滞后性、管控沟通不确定性、社群共生性和跨界联动依赖性等难点，使其行政规制在组织协调、资源配置和信息沟通等方面皆面临严峻挑战。从整体性、动态性和全程性的视角，将不同阶段

---

① 卢博.网络谣言的甄别与行政规制［J］.理论月刊，2021（01）：136-145.

② 黄卫东.网络平台的行政规制：基于行政合规治理路径的分析［J］.电子政务，2022（11）：15-27.

的流程和对应内容结合时间维、逻辑维和认知维进行分析，以构建公共卫生事件管理系统运行流程框架，政府则循此而坚持"逆碎片化"和"逆割裂化"，以网格化管理模式保障基层信息流、物流和资源流的协作和有序运转，实现整体性治理，同时还应重视公共卫生事件中的评估与监管。[①]

新兴技术带来的科技伦理治理方面，田亦尧、李欣冉认为针对新兴技术的科技伦理治理，关键在于健全的法治保障，而法治手段主要包括基于私领域市场调节功能的民法手段、基于刑事处罚的刑法手段、基于行政管制的行政法手段。其中，行政法模式应当成为通过科技伦理规制科研活动常态化的有效手段，而现行科技伦理的行政规制模式存在过度依赖行政命令、行政法律主体范围受限、对科技风险预防不足以及多元共治相关制度缺失的问题。通过分析传统科技伦理行政规制模式的缺憾和不足，提出建立多元共治的科技伦理治理机制。[②]

（三）"两翼理论"引入的基本考量

近年来，"两翼理论"不断指引科学传播构建新实践模式，在"两翼理论"视域下进行科学传播行政规制研究是十分必要的。下面从"两翼理论"的核心要义切入，阐述引入"两翼理论"对科学传播行政规制研究的重要价值。

---

① 董妍，王纪尧.公共卫生事件行政规制研究——基于改进霍尔模型的探索［J］.医学与法学，2022，14（04）：7-18.

② 田亦尧，李欣冉.科技伦理治理机制的法治因应与逻辑转换——由生物技术科技伦理规制问题展开［J］.科技进步与对策，2021，38（02）：121-127.

1. "两翼理论"的核心要义

一是"两翼理论"的背景分析

当前，我国已进入高质量发展阶段，科技创新的广度、深度、精度和速度不断拓展提升，科学传播的内涵和外延发生深刻变化。党的十八大以来，党和国家作出了全面创新驱动发展的战略部署，而"两翼理论"的提出，更是为推动创新发展作出了重要的战略指导，科技创新已经融入国家未来几十年的战略规划。科学传播面临新的发展环境和要求，出现了一些新的趋势和现象。科学传播走向公共领域，科学创新范式发生深刻变革，新型未来产业加速推进，公民科学素质普遍提升，大国博弈下全球产业链、创新链在分化中重构。同时，科技创新在给人民带来福祉的同时，也在不断引发新的不确定性。

科学传播走向公共领域。从上述对科学传播的模型、争论及内涵的分析可以看到，科学传播已经不再局限于单向传播和小众范围传播，而是进入了双向互动和公共领域，它将少数人的精英科学转变为多数人的公共科学，并实现了科学传播模式从传者中心向受众中心的转移。融媒体时代，新的自媒体舆论场为科学传播提供了更多的传播渠道和对话空间，大量科技议题成为公共舆情热点。从科技发展态势看，随着新一轮科技革命和产业变革的深入发展，科学的社会功能、科学与人文的关系发生了显著变化。这种变化要求我们不断推进科技与人的关系、科技与经济的关系、科技与社会的关系以及科技与文化的相互融合。在这个过程中，科学传播发挥着至关重要的桥梁和纽带作用，帮助我们营造科学、理性、文明、和谐的社会氛围，促进人们对科学的理解和接受，推动科技的发展和应用，加强科学与人文之间的联系和互动。科学传播正在走向公共领域，在促进科技与社会良性互动方面发挥越来越重要的作用。

创新范式发生深刻变革。习近平总书记指出，当前新一轮科技革命和产业变革突飞猛进，科学研究范式正在发生深刻变革，学科交叉融合不断发展，科学技术和经济社会发展加速渗透融合。[①]我国正在加快国家创新体系建设，促进创新主体互动、创新要素流动，完善创新生态，提高产业自主创新能力和国际竞争力。党的二十大报告强调，加强企业主导的产学研深度融合，强化目标导向，提高科技成果转化和产业化水平。强化企业科技创新主体地位，发挥科技型骨干企业的引领支撑作用，营造有利于科技型中小微企业成长的良好环境，推动创新链、产业链、资金链、人才链深度融合。现代科技创新已经从封闭式创新转变为开放式创新，关于科技创新的研究也从关注研发、中试、商业化等闭环的环境，扩展到包括社会、文化、制度等众多因素的系统角度，创新范式研究备受学术界关注。"范式"一词最早由托马斯·库恩（Thomas Samuel Kuhn）在《科学革命的结构》中提出，他将范式理解为一种公认的模型或模式。创新范式由技术范式演变而来，是指以获取新知识、开发新技术、发明和应用新产品为目标，解决特定技术和经济问题的一般性途径或模式。[②]数字化背景下的创新范式正在发生重大转型，由传统工业社会的企业内部封闭式创新转变为知识社会多元主体参与的数字化、系统性、生态性创新。美国强调用户创新、颠覆式创

---

① 习近平.在中国科学院第二十次院士大会、中国工程院第十五次院士大会、中国科协第十次全国代表大会上的讲话［N］.人民日报，2021-05-29（2）.

② 周代数.数字化背景下的创新范式转型及其金融支持［J］.科技中国，2021（10）：40-43.

新、开放式创新等创新范式；欧洲突出社会创新、公共创新、责任式创新等创新范式；亚洲强调精益创新、知识创新、模仿创新、自主创新、全面创新等创新范式。我国近年来也相继涌现出多种典型创新范式，例如以海尔HOPE（Haier open partnership ecosystem）开放式创新平台为代表的开放式创新模式，以小米持续深化用户体验战略为代表的用户创新模式。新型创新范式强调，要打破组织的边界壁垒，鼓励创新行为的内外部交互，需要科技创新和科学传播的价值链条不断融合。例如，公司使用社交媒体工具可以使组织内外的用户轻松地进行沟通，并协同设计、管理和发布新产品。在二者的交互过程中，科学传播与创新突破、技术扩散协同推进，科学传播与教育、文化的边界也逐渐交织融合。

新兴未来产业加速推进。随着中国特色社会主义进入新时代，全方位推动高质量发展的战略全局下，国民经济的活力、创新力和竞争力将进一步提升。新质生产力是生产力在社会日渐信息化、智能化的条件下，因科技创新提质增速、高端产业勃兴融合呈现的新形式和新质态，是以科技创新为牵引，以作为创新型产业的战略性新兴产业和未来产业为母体，表现为发展新动能的生产力。我国在市场经济的"上半场"，经济高速增长是基于物化劳动消耗主导的经济增长，是土地、资本、劳动力"老三要素"支撑经济发展；而市场经济进入"下半场"，是科学技术、人力资本、大数据"新三要素"支撑经济发展。①从人工智能、工业互联网到大数据，纵观近年来全球经济增长的新引擎，无一不是由新技术带来新产业，进而形成的新质生产力。强化科

---

① 吴金明.论基于我国高技术产业生态位变迁的国内国际双循环［J］.湖湘论坛，2020，33（06）：54-63.

学传播在新兴产业发展中的技术普及与成果转化作用，能够为创新驱动提供强大的动力，推动创新突破的实现。这些新技术的应用，从物联网的泛在信息采集形成大数据，到依托人工智能对大数据的系统分析，数据流、信息流、决策流在各类主体之间流动，更需要科学传播塑造劳动者的科学思维、增强劳动者的创新能力、培养劳动者的协作精神。新质生产力涉及领域新、技术含量高、知识密度大，面向新兴产业、未来产业，更需要聚焦科技前沿开展针对性的科学传播活动，发挥科学传播增强公众科技意识、传播科学思想、弘扬科学精神、促进科技创新的重要支撑作用。

公民科学素质普遍提升。《全民科学素质行动规划纲要（2021—2035年）》中提出，"科学素质是国民素质的重要组成部分，是社会文明进步的基础。公民具备科学素质是指崇尚科学精神，树立科学思想，掌握基本科学方法，了解必要科技知识，并具有应用其分析判断事物和解决实际问题的能力。"据统计，中华人民共和国成立之初，中国的文盲率高达80%以上，具备科学素质的人屈指可数。近年来，随着科普投入的不断加大，我国公民具备科学素质的比例从2010年的3.27%上升到2015年的6.20%，到2018年的8.47%，再到2020年的10.56%，北京、上海、深圳这三个城市都已经超过24%。[①]提升科学素质，对于公民树立科学的世界观和方法论，对于增强国家自主创新能力和文化软实力、建设社会主义现代化强国，具有十分重要的意义。科学传播是提升公民科学素质的重要手段。科学传播在发展过程中，理念逐步更新，内涵不断丰富，主体渐趋多元，范畴日益扩展。在公共领域中建

---

① 以创新和科普的双重动力推动实现高水平科技自立自强——国新办新时代加强科学技术普及工作有关情况发布会实录［J］.国际人才交流，2022（09）：15–21.

构科技公共交往机制，促进公众参与科技公共决策，推动形成适合公共利益的解决方案，推动科技与人、自然和社会之间的持续协调发展，从而促进公民素质的全面提升。

大国博弈下全球化分工。党的二十大报告强调，扩大国际科技交流合作，加强国际化科研环境建设，形成具有全球竞争力的开放创新生态。习近平总书记强调，要坚持面向世界、面向未来，增进对国际科技界的开放、信任、合作，为全面建设社会主义现代化国家、推动构建人类命运共同体作出更大贡献。[①]从国际上看，当今世界正经历百年未有之大变局，国际力量对比深刻调整，和平与发展仍然是时代主题，人类命运共同体理念深入人心。同时，国际环境日趋复杂，国际经济、科技、文化、安全、政治等格局都在发生深刻调整。[②]新一轮科技革命和产业变革深入发展，为世界各国带来难得的历史机遇，但世界发展不平衡问题依然突出。当前全球科技博弈加剧，科技实力成为大国博弈的关键。同时，全球化产业布局下的大科学时代，面临着一系列全球性问题，诸如气候变化、人类健康、传染病控制、空间探索、环境保护等，基础设施发展不足、科技水平落后等问题制约着很多国家，亟须科学传播推动国际合作创新，为全球性问题提供解决方案。国际科技合作的趋势下，需要借助科学传播打造国际交流合作平台，促进知识的传递和共享，推动科技和文化交流，为全球性问题提

---

① 习近平.在中国科学院第二十次院士大会、中国工程院第十五次院士大会、中国科协第十次全国代表大会上的讲话[N].人民日报，2021-05-29（2）.

② 刘垠.科学普及与科技创新协同发力 为世界科技强国建设提供强劲支撑——科技部党组书记、部长王志刚解读《关于新时代进一步加强科学技术普及工作的意见》[J].国际人才交流，2022（09）：12-14.

供解决方案，鼓励科学家发起成立国际科技组织，更多地参与国际组织事务并任职履职，不断增进国际科技界的开放、信任、合作。科学传播可以有效推动国际基础研究合作平台的形成，打造全球创新合作网络，激发创新合作潜能，促进全球科技合作。例如，通过组织国际科技交流活动，可以对接世界一流科研机构，加强与国际高水平科技组织、专业科技服务机构和学术期刊的合作，推动民间科技创新资源的国际化流动，从而构建具有全球竞争力的开放创新生态，推动解决全球性问题。

二是"两翼理论"的形成脉络

2006年，中共中央、国务院召开全国科技大会，发布《国家中长期科学和技术发展规划纲要（2006—2020年）》，我国正式提出自主创新、建设创新型国家战略。自此，科技进步和创新被视为经济社会发展的首要力量，并开始从"科学技术是第一生产力"到"科技创新是经济社会发展核心驱动力"的科学理念转变。此后，我国在这一道路上展开了大量的探索与实践。①

2009年，习近平总书记在参加全国科普日活动时指出，科技创新和科学普及是实现科技腾飞的"两翼"。全国科普日活动是科协工作的一大品牌，是科普工作的重要载体。他希望各级科协要继续围绕增强自主创新能力、建设创新型国家，充分发挥科普工作的主力军作用，进一步办好全国科普日活动，大力度开展科普工作，大幅度提高全民科

---

① 胡兵，彭伊婷.科普三十年：从重大科普政策看我国科普理念与引领能力的提升［J］.科技传播，2023，15（01）：1-6.

学素质，形成社会化科普工作新格局。①

2010年，习近平总书记指出，科学研究和科学普及好比鸟之双翼、车之双轮，不可或缺、不可偏废。他希望全国各级科协组织深入贯彻科学技术普及法和全民科学素质行动计划纲要，大力度开展科普工作，大幅度提高全民科学素质，进一步推动形成社会化科普工作格局，不断为建设创新型国家建功立业。②

2012年，习近平总书记强调："高等院校蕴藏着开展科普教育活动最为丰富的人才资源，在面向社会公众开展科普活动方面具有不可替代的优势，要把这一优势进一步发挥好。各级科协组织要进一步突出科普工作的大众性、基层性、基础性，让科普活动更多地走进社区、走进乡村，走进生产、走进生活……坚持把抓科普工作放在与抓科技创新同等重要的位置，支持科协、科研、教育等机构广泛开展科普宣传和教育活动，不断提高我国公民科学素质，为实现到我们党成立100周年时进入创新型国家行列、到新中国成立100周年时建成科技强国的宏伟目标，奠定更为坚实的群众基础、社会基础。"③

2016年5月30日，习近平总书记在"科技三会"上发表重要讲话，指出："科技创新、科学普及是实现创新发展的两翼，要把科学普及放在与科技创新同等重要的位置。没有全民科学素质普遍提高，就难以建立起宏大的高素质创新大军，难以实现科技成果快速转化。希望广

① 赵永新.习近平在参加全国科普日活动时强调 全社会要弘扬创新精神提高创新能力 为建设创新型国家奠定坚实群众基础［N］.人民日报, 2009-09-20（4）.

② 孙秀艳.习近平在参加全国科普日活动时强调 以高度负责态度应对全球气候变化 努力实现"十一五"节能减排目标［N］.人民日报, 2010-09-19（3）.

③ 习近平.习近平在参加全国科普日活动时强调 广泛普及食品与健康相关知识 提高群众消费安全感和满意度［N］.人民日报, 2012-09-16（4）.

大科技工作者以提高全民科学素质为己任，把普及科学知识、弘扬科学精神、传播科学思想、倡导科学方法作为义不容辞的责任，在全社会推动形成讲科学、爱科学、学科学、用科学的良好氛围，使蕴藏在亿万人民中间的创新智慧充分释放、创新力量充分涌流。"[1]

这是习近平总书记对"两翼理论"做出的深化完善和全面阐释，不仅再次强调了科技创新和科学普及同等重要的地位及二者对于实现创新发展的重要作用，而且对广大科技工作者在提升全民科学素质中应发挥的作用寄予厚望，此次讲话对于推动我国科普事业迈向新的发展阶段具有重大意义。[2]

三是"两翼理论"的内在逻辑

"两翼理论"揭示了国家创新体系的战略构成和内在联系，从科学知识的生产、传播和应用三个维度对国家创新体系进行体系化解析，明确实现创新发展是国家创新体系的战略目标，科技创新是根本动力，科学普及是重要基础，科技创新和科学普及都是构建国家创新体系的重要组成部分（见图1）。这一理论科学回答了事关我国创新发展的重大问题，为我国实现高水平科技自立自强、加快创新发展指明了前进方向，提供了根本遵循，对科技创新、科学传播、全民科学素质之间的关系做出了高度的概括。

---

① 习近平.为建设世界科技强国而奋斗——在全国科技创新大会、两院院士大会、中国科协第九次全国代表大会上的讲话［N］.人民日报，2016-06-01（2）.

② 王挺."两翼理论"的思想源起和内涵认识［J］.科普研究，2022，17（01）：5-12，100.

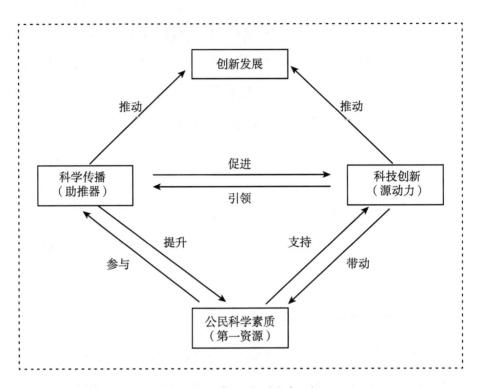

图 1　"两翼理论"的内在逻辑

　　科学传播促进科技创新。科学传播是实现高水平科技自立自强和全面建设社会主义现代化国家的重要战略支撑。作为创新发展的"一翼",科学传播不仅直接促进科技创新,还通过培养高素质创新大军,为高层次创新型科技人才队伍奠定基础,为科技自主创新培育出更多的高端科技人才。科学传播是科技创新的"助推器",围绕科技发展的新知识、新技术、新趋势开展及时有效的传播,可以提升公众对前沿科学的认同与理解,助力高新科技成果快速应用落地和转化;针对经济社会发展的新需求,面向专业科研人员开展跨行业、跨领域技术科学传播,可以有效推动科技创新与产业发展的融合、科技与社会的良性互动,走出一条创新突破与科学传播协同发展之路。

　　科技创新引领科学传播。科技发展与创新是科学传播的源泉,科学为人类探索自然提供了新的理论、新的思想和新的知识，技术则为人类改造自然提供了新的手段和发明。在新时代，中国的科技创新取得了突破性进展，重大科技成果不断涌现，基于这些成果的科学传播作品也越来越多。科技创新对科学传播的引领作用越发明显，推动了科学传播的进步和发展。在科技强国建设的重大成就、重大政策、重点发展领域开展科学传播，可以提升公众对新技术、新产业、新业态的认知水平，引导社会形成理解和支持科技创新的正确导向。同时，科技创新资源科普化，科研机构、高校和企业向公众开放重大科技基础设施、科技创新基地，因地制宜开展科学传播活动，也有利于推动科学传播的发展。

共同推动实现创新发展。科技创新与科学传播是相辅相成、相互依存、相互促进的辩证关系，是实现创新发展的两大动力系统。科学技术的发展与创新催生了在全社会进行科学普及和公众理解科学的广泛需求，带动了全民科学素质的提高；全民科学素质的提高和公众广泛参与科学传播，又是进一步实施创新驱动发展战略和提升国家综合实力的必要条件。"两翼理论"为我国创新体系的高效运行提供了新的发展范式，科学传播、科技创新、公民科学素质三者构成一个有机整体，互相促进、协同作用，共同为创新发展提供关键支撑。

2."两翼理论"对科学传播行政规制研究的重要价值

创新发展对科学传播提出了新的使命要求。党的二十大报告中强调，教育、科技、人才是全面建设社会主义现代化国家的基础性、战略性支撑，必须坚持科技是第一生产力、人才是第一资源、创新是第一动力，深入落实科教兴国战略、人才强国战略、创新驱动发展战略，开辟发展新领域新赛道，不断塑造发展新动能新优势。科学传播作为重要变量贯通教育、科技和人才工作中，以基础性、战略性特征联结三者组成有机整体。

习近平总书记强调把科学普及放在与科技创新同等重要的位置上，将已有科技创新和科学普及理论升华到新的高度，对于推动我国科学传播能力建设具有至关重要的战略指引作用。只有在"两翼理论"视域下审视科学传播，才能找到服务新时代国家战略需求、赋能中国式现代化的内在逻辑，才能明确科学传播行政规制的目标和思路。

（四）"两翼理论"视域下科学传播行政规制研究的总体思路

本书研究的核心问题是推进"两翼理论"指引下的科学传播行政规制建设，重点从梳理我国科学传播行政规制运行机制、存在的问题入手，提出构建我国科学传播行政规制体系的对策建议。

1. 研究的基本问题

一是我国科学传播行政规制运行机制

界定科学传播行政规制相关基本概念，探究其理论渊源，系统分析科学传播模式变迁、科技创新范式变革、科学风险防范化解、公民素质普遍提升、国际环境变化趋势，梳理"两翼理论"指引下我国科学传播构建的新实践模式，从科技创新引领科学传播、科学传播促进科技创新协同发展的目标出发，重点查找科学传播方式手段、内容供给、能力建设、谣言管控等方面存在的不足，在此基础上探讨我国科学传播行政规制的规制主体构成、行政规制行为、行政规制对象、运行机制及基本规律。

二是我国科学传播行政规制存在的问题

行政规制在我国科学传播事业中一直发挥着重要作用，通过回顾中华人民共和国成立以来我国科学传播行政规制的发展历程，分析行政规制发展、变化的特定历史条件和背景，找出不同发展阶段强调引导规制促进发展的内在逻辑，突出限制规制加强管理的根本动因，同时探寻我国科学传播行政规制在规制理念、规制主体、规制范围等方面的演变规律，在此基础上结合"两翼理论"对科学传播提出的新使命，分析多样化的科学传播行政规制情境，深入剖析目前科学传播行政规制在规制主体联动性、政策法规完备性、规制行为有效性、评估监督科学性等方面存在的局限与短板。

三是构建我国科学传播行政规制体系

选取域外典型国家的科学传播政策或涉及科学传播的科技政策和教育政策，从行政规制目标理念、权力分配、政策制定、规制行为、评估评价等方面，梳理可供借鉴的经验做法。结合我国科学传播行政规制的实际，以全面贯彻落实"两翼理论"为出发点，提出推进我国科学传播行政规制的基本原则：坚持人民至上突出民主规制，坚持政治导向突出引导规制，坚持系统思维突出协同规制，坚持区分情境突出精准规制，坚持效果导向突出有效规制。对策建议强调问题导向，针对科学传播与科技创新同等重要的认识不足，回答如何更好地把"两翼理论"作为行政规制的行动指南；针对相关政策法规多点分散，回答如何优化政策法规系统布局；针对科学传播主体日趋泛化，回答如何促进多方参与协同规制；针对科学传播情境不断多样化，回答如何区分情境分类制定规制策略；针对科学传播系统渐趋复杂化，回答如何提升规制手段有效性；针对行政规制主体不断多元化，回答如何构建多方参与的严密监督体系。

针对上述研究问题，本书主要采用文献研究法、历史研究法、案例研究法、比较研究法、定性与定量相结合的研究方法。一是文献研究法，是对文献资料进行检索、搜集、鉴别、整理、分析，通过对文献资料的研究，形成科学认识的研究方法。本书收集了近年来与科学传播、行政法、行政规制相关的各类著作、论文、数据、案例等文献资料，系统分析融媒体时代背景下科学传播的特征、意义以及面临的机遇挑战、科学传播政策、其他行业行政规制经验等，以期为我国科学传播行政规制提供借鉴。二是历史研究法，是运用历史资料，按照历史发展的顺序对过去事件进行研究的方法，是对社会历史过程中的史料进行分析、破译和整理，以认识研究对象的过去、现在和预测未来的研究方法，亦称纵向研究法。本书采用历史研究法对我国科学传播行政规制的历程进行梳理总结，以探索我国科学传播行政规制传承与创新的辩证关系。三是比较研究法，是对两个或两个以上的事物或对象进行对比，分析相似性与差异性，从而探求普遍规律与特殊规律的方法。本书采用比较研究法，分析国外科学传播行政规制经验，探索我国科学传播行政规制原则、路径、策略举措等问题。四是定性与定量相结合的研究方法，是指依据社会现象或事物具有的属性，从内在的规定性来研究现象或事物，主要通过语言文字描述、现象分析归纳、图像展示说明等方式，从中寻找事物"质"的特征和规律。本书采用定性与定量相结合的研究方法，对科学传播行政规制的内涵、范围、存在问题、内容、原则等方面进行了界定。

2. 研究的总体路径

习近平总书记提出的"两翼理论"强调科普与科技创新同等重要，为我国新时代科普及相关工作明确了着力方向，提供了根本遵循。本书以习近平总书记"两翼理论"为理论基础，围绕"推进'两翼理论'指导下的科学传播行政规制建设"这一核心问题，首先，从科学传播及行政规制的基本概念和基本理论入手，确定科学传播行政规制的基本要素，运用文献研究法和历史研究法梳理我国科学传播行政规制发展历程，分析趋势挑战；其次，运用比较研究法，从行政规制的目标理念、规制主体的权力配置、规制过程、规制对象、具体规制行为等维度，总结借鉴英、美、日等国家的科学传播规制经验；最后，在以上分析的基础上，结合我国科学传播行政规制的发展现状及新发展阶段的要求，阐述科学传播行政规制需要遵循的基本原则，并从规制理念创新发展、政策法规科学布局、多方主体协同规制、规制策略依境而定、规制手段综合运用、完善规制主体监督等方面提出具体对策建议。图2为本书研究思路框架。

```
┌─────────────────────────────────────────────────┐
│      "两翼理论"视域下的科学传播行政规制研究          │
└─────────────────────────────────────────────────┘
```

┌───┐
│ ┌──────────┐ ┌──────────┐ ┌──────────┐ ┌──────────────┐   │
│ │ 科学传播 │ │ "两翼理论"│ │ 行政规制 │ │ 科学传播行政规制│   │
│ │（渊源、争 │ │（背景、脉 │ │（概念界定、│ │（主体、行为、   │   │
│ │辩、内涵） │ │络、逻辑） │ │构成要件） │ │对象等）   │   │
│ └──────────┘ └──────────┘ └──────────┘ └──────────────┘   │
└───┘

        "两翼理论"视域下的科学传播行政规制基本运行机制

┌───┐
│ ·········· 我国科学传播行政规制发展历程、趋势及挑战 ·········· │
│ ┌────────────────────┐   ┌──────────────────────┐   │
│ │   发展基本历程   │   │   面临的趋势及挑战   │   │
│ │（初步、恢复、快速、 │   │（规制主体、政策法规、   │   │
│ │ 法制化、高质量）   │   │ 规制行为、监督保障等） │   │
│ └────────────────────┘   └──────────────────────┘   │
└───┘

┌───┐
│ ············· 域外考察及经验借鉴 ·············   │
│ ┌────────────────────┐   ┌──────────────────────┐   │
│ │ 域外科学传播行政规制考察│ │域外科学传播行政规制经验借鉴│   │
│ │（目标理念、权力配置、 │   │（科学规制理念、典型规制行为、│   │
│ │立法行为、规制行为、   │   │ 完善评估体系等）   │   │
│ │ 政策评估等）   │   │   │   │
│ └────────────────────┘   └──────────────────────┘   │
└───┘

┌───┐
│ ·········· 加强科学传播行政规制的原则与对策建设 ··········   │
│ ┌────┐ ┌────┐ ┌────┐ ┌────┐ ┌────┐ ┌────┐   │
│ │规制 │ │规制 │ │多方 │ │规制 │ │规制 │ │监督 │   │
│ │理念 │ │权力 │ │主体 │ │策略 │ │手段 │ │体系 │   │
│ │创新 │ │科学 │ │协同 │ │依境 │ │综合 │ │系统 │   │
│ │发展 │ │分配 │ │规制 │ │而定 │ │运用 │ │严密 │   │
│ └────┘ └────┘ └────┘ └────┘ └────┘ └────┘   │
└───┘

图 2　本书研究思路框架

第二章

科学传播行政规制的基本概念和理论依据

本章首先梳理科学传播的内涵和外延，并结合"两翼理论"为科学传播带来的新要求，分析当前我国科学传播存在的问题。在此基础上，梳理科学传播行政规制基本概念及构成要件，并进一步提出科学传播行政规制的定义及基本框架，阐述"两翼理论"指导下科学传播行政规制的运行机制和基本规律。

（一）科学传播的基本界定及面临挑战

科学传播是一个跨学科、交叉性的综合研究领域，与科技新闻、公众理解科学、科技与社会等众多领域密切相关。关于科学传播发展阶段的界定、典型模型以及科学传播的立场、名称和基本理论，一直是科学传播理论界和实务界的讨论热点。

1. 科学传播的模型、争辩和内涵

科学传播的模型划分是科学传播领域的一种重要分类方法，通过梳理不同概念和研究路径之间的关联，可以更好地理解国内外的相关研究，有助于明晰我国科学传播事业的发展轨迹和当下需求。

一是基于时间轴的典型模型分析

刘华杰在2002年发表的《整合两大传统：兼谈我们所理解的科学传播》一文中最先提出"三阶段论"，大致将我国科普事业的发展划分为内涵不断丰富、理念逐步更新的三个历程——传统科普、公众理解科学和科学传播。[①]而后，李黎等结合近年来国内外科学传播的发展理念进行回顾和梳理，在"三阶段论"的基础上，进一步提出公众参与科学和公众科学服务两个新的发展阶段，共同构成科学传播的五个阶段。[②]这里重点参照上述科学传播五阶段的划分标准，分别对五个典型传播模型进行介绍。

公众学习科学——单向灌输。一般观点认为，1978年以前，我国的科普工作处于传统科普阶段。在传统科普阶段，科普活动由政府统一组织，采取自上而下单向灌输的方式。传统科普被认为是基于中心广播模型的，适用于计划经济时代，强调科学权威和信仰，重视具体的知识和技术，并很少谈及科学方法、科学过程、科学社会运作以及科学的局限性和科学家的过失等方面的科普方式。传统科普更加注重科学知识的普及，而对提高公众科学素养的完整性不够重视，较少关注

---

① 刘华杰.整合两大传统：兼谈我们所理解的科学传播［J］.南京社会科学，2002（10）：15-20.

② 李黎，孙文彬，汤书昆.当代中国科学传播发展阶段的历史演进［J］.科普研究，2021，16（03）：37-46.

科学精神的弘扬和科学思想的传播。

公众理解科学——获得理解。在20世纪80年代末90年代初，我国开始注重公众对科学概念的理解。一般认为，公众理解科学概念的正式提出始于英国皇家学会 1985年发布的《公众理解科学》（Public Understanding of Science）报告。该报告是伴随着发达国家中公众对科学技术发展的信任危机和舆论谴责产生的，如切尔诺贝利核泄漏事件等。[1]为维护科研权益，科学界需要公众支持科学事业。他们认为，公众不支持科学的原因是对科学了解不足。科学共同体认为，公众对科学的了解程度越高，就越能与专家意见保持一致并支持科学，同时也有利于吸引新生力量进入科学界。为缓和公众与科学之间的紧张关系，欧美国家纷纷发起广泛的公众理解科学运动，为衡量公众对科学的理解程度，欧美国家开始进行公众科学素养的相关研究。在国际公众理解科学和科学素养运动的影响下，20世纪90年代始，学术界开始关注公众理解科学及科学素养。1990年，中国科协的张正伦和张仲梁等发起并组织了我国第一次公众科学素养测评。随后，李大光对科学素养的内涵、中国公众科学素养调查的目的和意义，以及中国的科学素养水平数据进行了深入研究。[2]进入21世纪，中国学术界愈加关注公众理解科学的科学传播模式，并就该模式的依据、作用和应用展开多方位的调查研究。这些实证研究改变了我国传统的科普理念，科学普及活动不能仅局限于单向灌输科学知识和技术，而应将科学的全貌还原给公众，并赋予公众科学话语权，提高公众的科学判断力，逐渐形成广泛共识。

---

[1] 李黎，孙文彬，汤书昆.当代中国科学传播发展阶段的历史演进［J］.科普研究，2021，16（03）：37-46.

[2] 李大光.中国公众科学素养研究20年［J］.科技导报，2009，27（07）：104-105.

公众反思科学——争取支持。公众反思科学是在公众理解科学的基础上发展的新阶段，以2000年英国上议院科学技术特别委员会（The House of Lords Select Committee of Science and Technology）发布的《科学与社会》（Science and Society）报告为标志。它要求科学共同体的内省和公众的反思，这将有助于让科学技术作为一种公共议题进入科学共同体和公众平等交流的语境之中，并主张任何一项科学技术战略要想取得成功都必须得到公众的支持。相应地，就需要通过公众理解实现公众对话，这使公众理解科学进入了新的阶段——公众对话主题诞生。① 公众反思科学注重强调反思、对话和语境，公众理解科学中对于公众知识欠缺和科学知识优越的基本假设受到批判，公众对话情境也成为科学传播过程中新的重要内涵。在我国，公众反思科学的相关研究主要从对环境和生物技术的反思方面展开，如PM2.5事件等。这些事件反映出我国公众对科学的信任危机和对科学的反思。反思科学和公众对话是科学传播的一种新形态，也是从公众理解科学走向公众参与科学的过渡阶段，这个阶段的重点是建立公众与科学共同体之间的平等对话，将科学技术作为公共议题进行讨论和决策。这有助于公众对科学技术的理解、信任和支持，同时也有助于引导科学技术发展在一定程度上结合社会及公众的诉求和期望。

公众参与科学——参与决策。2004年，英国皇家学会（The Royal Society）发表了《社会中的科学》（Science in Society）报告，其中明确提出公众参与科学的新理念，公众参与科学逐渐成为科学传播的核心内涵。② 公众参与科学不仅有助于科技的发展，也是保障公民知情权、

---

① 尹兆鹏.科学传播理论的概念辨析［J］.自然辩证法研究，2004（06）：69-72，77.

② 李黎，孙文彬，汤书昆.当代中国科学传播发展阶段的历史演进［J］.科普研究，
2021，16（03）：37-46.

表达权、参与权、监督权的必然要求，还是科学决策民主化的集中表现。在我国，公众参与科学的必要性已达成普遍共识。有学者对公众参与科学的路径进行了深入研究，提出未来我国科学文化应该从"科学共同体"的"圈子文化"走向全民共建共享的"社会文化"。①公众参与科学不仅是制定、发展和应用科技政策时汲取公众意见，还包括在教育领域推行参与式科学教育，以及在科学研究领域吸引公众参与科研活动等多重内涵。在参与决策的过程中，新媒体赋予公众参与和发言权，公众通过微博、微信等社交平台发声，表达关注。同时，移动互联网时代也为公众参与科学提供了多元化的选择渠道。2018年，我国生态环境部通过的《环境影响评价公众参与办法》，旨在规范环境影响评价公众参与和保障公众环境保护知情权、参与权、表达权和监督权，标志着公众深度参与科学政策制定有了具体的制度保障。

公众科学服务——大众创新。随着信息科学技术的不断发展，公众科学作为一种非传统的科学研究形式逐渐受到关注。2013年，欧盟委员会发布了《关于公众科学的绿皮书》（Green Paper on Citizen Science），并在报告中将公众科学定义为"公众参与科学研究活动，无论是他们的智力、努力还是关于环境的知识，还是他们使用的工具和资源，当公众积极地为科学做出贡献的时候，都应该被称为公众科学"。②这标志着科学传播进入公众科学服务的新阶段。在这一阶段，公众不仅要参与科学政策制定和科学体制建立，还能够进一步参与科学研究

---

① 王明，郑念，汤书昆."大众创业、万众创新"语境下社会公众参与科学文化建设的路径研究［J］.科普研究，2016，11（02）：11-15，23，96.

② 李黎，孙文彬，汤书昆.当代中国科学传播发展阶段的历史演进［J］.科普研究，2021，16（03）：37-46.

过程，作为更积极的行为主体发挥重要作用，并承担相应责任。近年来，我国公众参与科学的需求日益强烈，公众参与科学的渠道不断拓宽，如中国科学院每年都会举办"公众科学日"活动，通过形式多样的科学传播和科学普及活动，向社会公众展示中科院重大科技创新成果；2022年中国国家地理策划并发起"公众科学计划"科学考察，邀请科学家作为技术指导，招募公众参与并共同开展结合不同学科、不同类型的科研项目，让公众参与者们在科考过程中得到更多的科学认知和科研体验。

二是基于情境化的多元整合模型

李黎等学者认为，前文提到的五种模型并非严格按照时空次序进行划分，多阶段重叠是现实状况，且第三至第五阶段也尚未达成理想状态。[①]西方当前主要的科学传播研究学者之一艾伦·欧文（Alan Irwin）提出了"情境化科学传播"模型，首先强调了社会技术情境（sociotechnical context）对科学传播实践的重要性。任何科学传播实践都面临着独特的社会需求与技术背景，不同个案之间虽然可能具有相似性，但是其各自特殊的社会技术背景可能会导致科学传播活动引入不同的利益相关者并产生不同的互动关系。艾伦·欧文发现，由于科学传播自身的特性，如科学知识的专业性，科学治理的多方参与性，科技产品的生活化与商业性等，使不同的科学传播实践中参与的利益相关者群体千差万别，涉及利益相关者群体的"教育""对话""参与"

---

① 李黎，孙文彬，汤书昆.当代中国科学传播发展阶段的历史演进［J］.科普研究，2021，16（03）：37-46.

等概念必须在具体场景下才能得到有效定义。[①]因此，在具体的科学传播实操过程中不断进行自反性思考才能够得出最准确的对于科学传播活动的属性定义与价值理解。

艾伦·欧文的科学传播模型具有较强的辩证法色彩，它强调在科学传播过程中需要综合考虑各种因素，包括科学知识本身、传播渠道、受众特点等。这种情境化的科学传播模型走出了哪一个是最好的绝对化误区，认为科学传播是一个复杂的过程，没有一个模型可以适用于所有情况，强调在具体情境中采用适当的科学传播策略和方法，以实现有效的科学传播。这种包容的、辩证的视角对于科学传播的发展非常重要，可以帮助我们更好地理解科学传播的复杂性和多样性，从而更好地满足不同情境下的科学传播需求，提高科学传播的效果和质量。

上述公众学习科学、公众理解科学、公众反思科学、公众参与科学、公众科学服务等模型，不是某个单一模型就能适用于科学传播的所有情境，而是要根据不同情境的特征及需要，选择最为适用的科学传播模型。例如，科学家向公众普及科学知识是单向灌输的公众学习科学模型，举国体制开展科技创新需要赢得公众理解和支持是公众理解科学或公众反思科学模型，出台科学技术相关政策法规需要公民参与决策是公众参与科学模型，鼓励公众参与科技创新以实现大众创新是公众科学服务模型。因此，这里结合艾伦·欧文的情境化科学传播模型，提出基于情境化的多元整合模型（见图3），即科学传播需要根据不同情境采用与之相对应的传播模型，才能取得最佳的传播效果。该模型将为后面情境化分析科学传播行政规制提供支撑。

---

① 杨正.超越"缺失−对话/参与"模型——艾伦·欧文的"三阶"科学传播与情境化科学传播理论研究［J］.自然辩证法通讯，2022，44（11）：99–109.

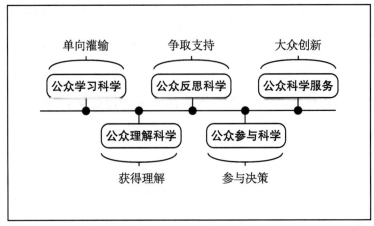

图 3 基于情境化的多元整合模型

三是科学传播立场和名称之辨析

科学传播立场走向以人民为中心的多元立场共生。一般认为,科学传播的传统科普、公众理解科学和公众反思科学的三个阶段,分别反映了国家或政党立场、科学共同体立场、公民立场或人文立场。传统科普适用于计划经济时代,主要服从于国家、政府的需要,偏重具体知识和技术的传播,强调科学权威、科学信仰。公众理解科学隐含的前提是,公众相较于科学家,在科学素养上十分欠缺;公众可能因为不了解科学,而不支持对科学的投入,科普或科学传播的目的就是弥补这种欠缺,科学共同体希望通过科学传播争取公众的支持。公众反思科学的传播受众与主体均多元化,强调公众的态度和发言权,通过对话的形式给公众提供更多反馈和参与的机会,具有较强的公民立场,后来出现的公众参与阶段和公众科学服务阶段只是公众反思科学的拓展和延伸,都属于公民立场。《中华人民共和国科学技术普及法(修改草案)》中强调,"开展科普,应当以人民为中心,坚持面向世界科技前沿、面向经济主战场、面向国家重大需求、面向人民生命健康"。我国科学传播的立场是以人民为中心的，国家、科学共同体、公众构成的多元共生立场统一于以人民为中心。

从科普、公众理解科学到科学传播。关于科普、公众理解科学与科学传播之间的关系，学界还存在争议。吴国盛认为，中国的科学传播事业目前有三个名称并存，按照他们历史久远程度排序分别是："科普"（20世纪50年代以来）、"科技传播"（20世纪90年代以来）与"科学传播"（21世纪以来）。"科普"的全称是"科学普及"或"科学技术普及"，这个简称已经收入1979年版《现代汉语词典》，成为这个领域的标准术语。2002年颁布的《中华人民共和国科学技术普及法》，从法律层面把科普工作规定为国家意志，因此"科普"拥有国家主义的特征。吴国盛认为，"科普"拥有国家主义、功利主义、科学主义这三重特征。"科技传播"是传播学在20世纪80年代引进中国之后的副产品。使用"科技传播"这个名称的人有两种：一是在工科院校从事传播学研究的学者，以清华大学和中国科技大学为代表；二是从事科技报道的新闻工作者，他们有时称自己从事的是科技传播工作。因为科技传播并不挑战科普的国家主义立场、功利主义取向和科学主义预设，与科普在理念上基本一致。"科学传播"的出现是伴随人们对科学传播发展认识的不断深化而形成的。[1]刘华杰认为，科学传播完整的叫法是有反思的科学传播，指科技信息在社会各主体之间的发送、接收等，相当于广义的科普。[2]当前，我国的科普事业相对传统科普已经进入现代科普阶段，关注的不仅是科技知识的传播，还包括弘扬科学精神、传播科学思想、倡导科学方法的活动，已经成为实现创新发展的重要基础性工作。现

① 吴国盛.当代中国的科学传播［J］.自然辩证法通讯，2016，38（02）：1-6.
② 刘华杰.科学传播的三种模型与三个阶段［J］.科普研究，2009，4（02）：10-18.

代科普同样包含公民科学素质提升、引导社会形成理解和支持科技创新的正确导向、鼓励参与公共事务等内容，因此现代科普和科学传播二者的内涵和外延是一致的。

四是科学传播的内涵及基本构成

科学传播是科学传播行政规制研究的基本概念，准确界定其内涵、外延及构成要素是有效展开科学传播行政规制研究的必要前提。

基于上述对科学传播历史渊源和典型模型的梳理以及对其立场、名称和理论的分析，本书认为科学传播的内涵和外延等同于现代科普，因此这里借用《关于新时代进一步加强科学技术普及工作的意见》对科学技术普及的概念界定。科学传播是国家和社会普及科学技术知识、弘扬科学精神、传播科学思想、倡导科学方法的活动，是实现创新发展的重要基础性工作。从构成上看，科学传播包括主体、受众、渠道、内容、反馈（参与）等要素，运行机制是政府引导、多元主体参与的社会化动员以及市场化运行共同推进。图4为科学传播整合模型。

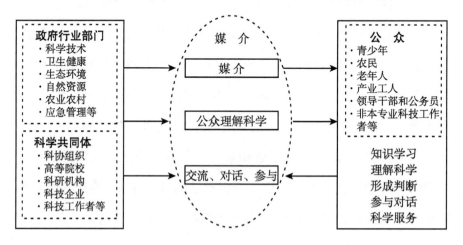

运行机制：政府引导+多元主体参与的社会化动员+市场化运行

图4　科学传播整合模型

科学传播的主体渐趋泛化。科学传播是全社会的共同任务和责任，社会各界都应组织参与各类科学传播活动。在传统科普阶段，科学共同体和政府是传播的主体，科学知识传播主要以科学共同体为中心向外扩散，科学传播是单向的。在现代科学传播过程中，各主体的角色不断发生变化，形成一种互动互惠的关系。科研机构和企业从科技信息的发送者转变为接收者，意味着更加注重从公众那里获取信息和反馈；公众从知识接收者转变为发送者或传递者，意味着公众不再仅仅是被动接收科技信息，还能主动参与科学传播，为科研机构和企业提供有价值的信息和反馈；科研机构从公众产生或传递的信息中获得科研或技术研究的灵感，意味着科研活动不再仅仅是专家学者们的独角戏，而是与公众的日常生活和经验紧密相连；企业从公众的反馈中获得产品创新的启示，表明企业更加注重市场需求和用户体验，通过与公众的互动来不断完善产品和服务。因此，科学传播的主体转移和多元化是必然趋势。当前政府部门、科学共同体、媒体、公众等都已经成为科学传播的主体。其中，政府和行业部门进行科学传播实践的实质，是通过传播科学信息树立自身权威，从而维护社会安定；科学共同体成员包括科协组织、高等院校、科研机构、科技企业等在内的各类主体中的科技工作者、科普人士等；媒体一直以来在科学传播过程中发挥着重要作用，但通常被看作其他主体用来传播科学知识的渠道或工具。媒体通常会根据自身逻辑进行二次加工，如对科学信息进行把关（选择或删除）、强调或再创作，因而其并非完全被动的传播工具，而是主动开展科学传播的主体之一。[①]媒体不仅包括传统的报刊、广播、电视，还包括具有代表性的各类新媒体平台，如网

---

① 匡文波，方圆.突发性公共卫生事件中科学传播的多元主体参与模式——基于六个新冠病毒科学议题的分析［J］.西北师大学报（社会科学版），2022，59（05）：56-64.

站、微信、微博、知乎、哔哩哔哩、抖音等，并且越来越多的公众利用社交媒体等参与科学传播。

科学传播的内容逐步更新。新时代的科学传播不仅向社会群众普及科学知识，还弘扬科学精神、传播科学思想、倡导科学方法，是一种通过交流共享推动科学文化建设和科技创新发展的活动。社会层面的科学传播是提高社会群众科学素养的重要途径，以多元、开放、平等的传播理念来传播科学知识、提升科学素质，促进公众广泛参与，推动科技创新，因此科学的文化属性和社会属性日益突出。我国的科学传播强调以人民为中心，在提升全民科学素质的同时，通过全体人民的参与来决定怎样运用科学造福环境与社会，解决生态问题、人与自然的关系等重大问题，这也正是中国式现代化发展的内在要求。

科学传播的受众日益广泛。2021年，国务院印发了《全民科学素质行动规划纲要（2021—2035年）》，纲要中区分了青少年、农民、老年人、产业工人、领导干部和公务员五类重点人群，分别提出科学素质提升实施行动。从前文提到的科学传播发展历程看，科学传播逐步实现了公众理解科学、公众反思科学、公众参与科学、公众科学服务等多视角、多层面理念的整合，在双向互动、多元主体共同参与的对话传播模式中，科学传播的主体和受众之间的边界已不再清晰。随着科学传播的内容不断丰富，科学家在本领域具有发言权，但在其他领域则与其他人处于平等地位。从这个意义上看，科技工作者与公众一样，在科学传播超出本专业范畴时同样是科学传播的受众。此外，科学技术的快速发展，以"数智盲""生态盲""科学文化盲"为代表的"新科盲"现象层出不穷，且有愈演愈烈的趋势。"数智盲"无法理解和适应现代数字化、智能化的生活工作方式；"生态盲"把环保与发展对立起来，不理解"绿水青山就是金山银山"；"科学文化盲"非理性，反智反科学。科学传播对于"扫除新科盲"发挥着举足轻重的关键性作用。

科学传播的渠道日趋丰富。科学传播的交流渠道既包括具有实体空间的科普基础设施及各类新型共享空间，也包括媒介等传播渠道。我国近年来持续加大科普基础设施建设，科技馆、图书馆、博物馆、文化馆不断拓展科普功能，科学家精神教育基地、前沿科技体验基地、公共安全健康教育基地等实体基地加速建设，流动科技馆、科普大篷车等活动日益深入，科技博物馆、工业博物馆、安全体验场馆和科普创意园等科学传播资源不断丰富。信息技术和媒体技术快速迭代发展，数字化、网络化、智能化的科学传播渠道加速形成，科学传播的内容、形式不断创新，人们已经习惯通过网络、社交媒体等途径获取科学知识，并参与反馈与交流。

科学传播的评估不断加强。近年来，我国先后出台《全民科学素质行动规划纲要（2021—2035年）》《"十四五"国家科学技术普及发展规划》《关于新时代进一步加强科学技术普及工作的意见》等多个纲领性文件，要求完善科普工作评估制度，制定新时代公民科学素质标准，定期开展公民科学素质监测评估、科学素质建设能力监测评估，以支撑科学普及的高质量发展。我国公民科学素质调查自2022年开始，从以往的五年两次改为一年一次，科学传播评估工作已经成为科学传播的重要组成部分。

科学传播的机制逐渐健全。长期以来，科学传播主要依靠政府推动，社会化动员机制、市场化运行模式一直处于探索发展阶段。为了充分调动更广泛的力量共同参与，我国正在推动科学传播从政府主导向政府引导、多元主体共同参与的社会化动员机制和市场化运行模式转变。《中华人民共和国科学技术普及法（修改草案）》中提到，国家支持社会力量兴办科普事业，社会力量兴办科普事业可以按照市场机制运行。《关于新时代进一步加强科学技术普及工作的意见》中明确提出，坚持统筹协同，树立大科普理念，推动科普工作融入经济社会发展各领域各环节，加强协同联动和资源共享，构建政府、社会、市场等协同推进的社会化科普发展格局。

2. 科学传播面临挑战及存在问题

《关于新时代进一步加强科学技术普及工作的意见》中指出，党的十八大以来，我国科普事业蓬勃发展，公民科学素质快速提高，同时还存在对科普工作重要性认识不到位、落实科学普及与科技创新同等重要的制度安排尚不完善、高质量科普产品和服务供给不足、网络伪科普流传等问题。"两翼理论"不断向科学传播提出新要求，科学传播面临一系列新挑战。

一是面对举国体制创新，科学传播支撑还不够

党的二十大报告中指出，健全新型举国体制，强化国家战略科技力量，优化配置创新资源，优化国家科研机构、高水平研究型大学、科技领军企业定位和布局，形成国家实验室体系，统筹推进国际科技创新中心、区域科技创新中心建设，加强科技基础能力建设，强化科技战略咨询，提升国家创新体系整体效能。当前，我国正致力于实现高水平科技自立自强和科技强国的战略目标。中国科学技术发展战略研究院发布的《国家创新指数报告（2022—2023）》中显示：全球创新格局保持亚、美、欧三足鼎立态势，科技创新中心东移趋势更加显著。2023

年，中国国家创新指数综合排名居世界第 10 位，较上期提升 3 位，是唯一进入前 15 位的发展中国家，同时，国家创新能力取得显著进步。[①]我国健全举国体制推动科技创新，需要全社会关注和响应，但目前我国科学传播在这方面的支撑能力还不够。

为了推动举国创新体制构建，需要借助科学传播进行广泛的社会动员，获得公众的参与和支持。科学传播在促进科学共同体与公众交流对话中发挥着重要作用，帮助公众理解科学、科技议题和科研工作，深化对科学技术与社会相互作用的认知，这种认知的深化有助于形成科技与社会互信互动的良性关系，提升治理效能。为了实现这一目标，需要转变和优化科学传播工作的体制机制。在组织动员机制方面，长期以来科学传播的公益性属性较为突出，对社会化动员机制、市场化运行模式探索不足，要进一步推动从政府主导向政府引导、多元主体参与的社会化动员机制和市场化运行模式的转变，解决科学传播资源下沉不畅、上下协同联动不够的问题，确保科学传播工作的有效实施。

二是面对创新范式变迁，科学传播方式还不活

科技创新范式对激发创新活力有重要意义，而良好的创新生态是关键，需要硬件支撑、实践载体、制度安排和环境保障，形成各类创新主体协同联动、创新要素顺畅流动、创新资源高效配置的良好生态。科学传播是构建良好创新生态的重要手段，但目前我国科学传播面对创新范式的快速变迁，在传播方式上还不够灵活，未能充分发挥激发创新活力的重要作用。

针对"十四五"规划中重点强调的前沿领域：人工智能、量子信

---

① 张蕾，杨舒.我国创新能力综合排名上升至第十［N］.光明日报，2023-11-22（8）.

息、集成电路、生命健康、脑科学、生物育种、空天科技、深地深海等，要通过科学传播强化领导干部和劳动者的知识储备，提升新兴技术应用能力，促进生产力提升。面对新一轮科技革命和产业变革的重大、共性、基础性技术突破，要加大科学传播力度，应用智能化信息技术，感知用户需求，组织内容创作，匹配科普资源，及时精准送达，为新范式下的科技创新提供高效的科学传播支撑。

三是面对风险防范化解，科学传播手段还不多

随着科技创新的快速发展，科技的双刃剑特性越发明显，科技在为人们带来巨大福祉的同时，也带来了一系列潜在的负面影响。实践证明，科学传播在应对风险危机中具有重要作用，通过科学传播，可以提升公众的科学理性，引导公众行为，助力应对重大危机。同时，科学传播也是服务国家治理体系和治理能力现代化的重要手段，对于建立科学技术应用的社会控制机制、实现人与自然、人与社会之间的协调发展具有不可替代的作用。但相对而言，我国科学传播在这方面的手段还不多。

我国要进一步发挥科学传播的作用，促进公众对科学技术的理解与参与，同时提升公众的科技伦理意识，使公众更加理性地看待科技发展，避免盲目追求技术进步而忽视其对环境和社会造成的负面影响。近年来，工业革命导致的气候异常变化、人工智能对传统伦理的冲击等一系列风险挑战不断涌现，需要通过及时有效的科学传播来防范化解。

四是面对科学素养提升，科学传播供给还不足

《全民科学素质行动规划纲要（2021—2035年）》中明确提出，到2025年我国具备科学素质的公民比例超过15%，到2035年要达到

25%。伴随公民素质的普遍提升，公众对高质量的科学传播需求也相应增强。与公众日益增长的科学传播需求相比，我国高质量科普产品和服务供给仍显不足。

具体而言，具备科学素养的人群越来越大，社会各界对科学的重视程度日渐提升，讲科学、学科学、爱科学、用科学已经渐成公众的自觉选择，但复杂的市场环境中，存在科学传播产品良莠不齐、伪科学、"假"科学泛滥的现象，需要更高质量的科学传播去消除负面影响。

五是面对复杂国际环境，科学传播能力还不强

在当前的国际环境中，科技报道与政治紧密关联，科技议题成为政治话语的争夺工具，形成了复杂的国际舆论氛围。受政治影响的失实传播不仅会影响科学技术的发展进步，还会加剧国际社会的分裂，削弱科技作为人类交流与合作平台的桥梁作用。复杂国际环境对我国对外科学传播能力建设提出了更高要求。

近年来，高科技的封锁与反封锁、脱钩与反脱钩已经成为大国科技竞争的"新常态"。为应对挑战，需要通过科学传播形成全民合力，同步提升科技创新硬实力和软实力。同时，应对诸如气候变化、能源资源、公共卫生等全球性问题需要发挥国际科技协同治理的重要作用，科学传播作为国际合作的重要桥梁和纽带，可以凝聚共识，深化科技人文交流，推动文明互鉴，向世界分享更多的中国科技成果，为构建人类命运共同体贡献更多"中国智慧"。

（二）行政规制的界定与构成

1. 行政规制概念界定

规制多用于处理"市场"与"私法"的失灵，所谓规制，即规范、制约的意思，在日本，"规制"这个词不仅是理论界的通用术语，如规制规范、规制缓和、规制行政、规制性行政指导等，而且还是法律术语，直接构成了许多法规规范的名称，如《噪音规制法》《振动规制法》《关于危险物规制的规则》《关于危险物规制的政令》，等等。①

在中国，20世纪90年代中期以前，行政法学术界尚未出现"规制"概念。中国法学会行政法学研究会1995年年会于1996年1月初在哈尔滨举行，一般认为，这次年会是国内行政法学术界正式使用"规制"这个概念的开端。学者杨建顺在本次年会提交的论文中提出，行政规制是行政的行为方式中的重要形态之一，是指行政主体为了维护秩序或者事先防止危险，而对私人的自由和权利进行限制，或者对其赋予义务的行政的行为方式，并强调行政规制有时也会以行政指导、行政合同等其他非强制性方式为依托。②江必新认为，行政规制是特定的行政主体所采取的，直接影响市场主体及其市场行为的，设立规则、制定政策、实施干预措施等行政活动的总称，既包括消极的限制性规制行为，又包括积极的引导性规制行为。③虽然目前在学术界和实务界，有关行政规制的定义仍未达成完全统

① 杨建顺.中国行政规制的合理化［J］.国家检察官学院学报，2017，25（03）：82-104，173-174.

② 杨建顺.中国行政规制的合理化［J］.国家检察官学院学报，2017，25（03）：82-104，173-174.

③ 江必新.论行政规制基本理论问题［J］.法学，2012（12）：17-29.

一的意见，但从两位学者的定义上可以看到，行政规制实质上是从行政法维度运用规制理论，多注重于政府运用公权力对社会与市场失灵的状态进行矫正。由于科学传播内涵丰富，并渗透于科技、经济、社会等多个领域，考虑到江必新对于行政规制的概念界定更为广泛，更加契合本书的研究范畴设定，因此本书采用江必新对行政规制的概念进行界定。

需要说明的是，笔者查阅相关文献发现，"行政规制"和"行政法规制"在既往文献中均有提及，但并未严格区分，也没有学者对概念异同进行分析。本书统一采用"行政规制"的提法。

2. 行政规制构成要件

行政规制的构成要件一般包括行政规制主体、规制行为、规制对象等，这里对行政规制构成要件的内涵和发展趋势做简要分析。图5为行政规制的要件构成图：

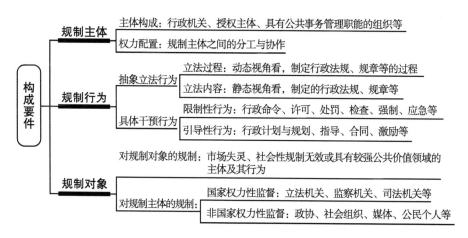

图 5　行政规制要件构成

目前我国行政规制领域，从规制主体、规制行为、规制对象等要件分析，呈现出以下几个趋势。

一是行政规制主体向行政机关借助自治和社会组织协同转变

关于行政规制主体，江必新认为，对于行政规制的主体，在我国采用"特定的行政主体"的表述较为合适。行政主体是具有行政法人格的法律实体，随着行政主体的社会化，其范围不再仅局限于行政机关，而是进一步包含了授权主体和具有公共事务管理职能的其他组织。可以涵盖综合性的政府部门、独立的规制机关和授权的非政府组织等不同的行使规制权的主体，这符合我国行政规制权的结构、配置与运行的实际。①

近年来，我国行政规制正由主要依靠行政机关的直接规制模式向借助自治和社会组织协同规制的综合规制模式转变。湛中乐等认为，现代行政法与规制政策正超越公权力主体直接规制的传统单方高权性手段，逐步接纳和吸收柔性治理模式，而合作原则正是这一范式转换的理念基础，合作规制正逐步成为更好规制（Better Regulation）的良途，这种合作既表现为私人和公共机构间的合作，也表现为公共机构之间、国家之间的合作。②在综合规制模式下，规制主体有私人主体、社会组织、公共机构等多种形式。就行政法上的形态而言，合作行政包括行政指导、行政契约等多种形态，对应一种基于合意之上的利益共赢关系，公民为了满足私益诉求而选择与行政合作，行政为了公益而选择与公民合作，二者取向相反、各取所需，但殊途同归，共同实现了社会整体利益的增值。

① 江必新.论行政规制基本理论问题［J］.法学，2012（12）：17-29.
② 湛中乐，郑磊.分权与合作：社会性规制的一般法律框架重述［J］.国家行政学院学报，2014（01）：71-75.

二是行政规制行为由消极限制性规制向积极引导性规制转变

江必新认为，从国外和我国的实践来看，无论是国外的专门规制机构，还是我国的相对独立的规制主体或者综合性规制主体，行政规制行为主要包括三大类：一是制定行政法规、规章等规范的行为；二是制定相关具体政策的行为；三是具体的干预行为。[①]本书以此为依据并结合行政行为法的基本理论，将行政规制行为分为抽象立法行为和具体干预行为两种。抽象立法行为从动态视角看，包括制定行政法规、规章等的过程；从静态视角看，包括行政法规、规章、规范等。具体干预行为一般包括行政命令、许可、处罚、检查、应急等传统行政行为，也包括行政计划与规划、指导、合同、资助、激励等其他行政管理行为。

从世界范围看，规制缓和及软性规制行政规制改革，是政府在依法行政前提下进行的自觉性、整体性、持续性和创造性的改革。20世纪 70 年代末以后，在发达的西方国家，多种问题凸显。伴随全球化和信息化的逐步深入，公共管理改革与规制缓和等规制改革，成为世界性的潮流。在变革管理主义取向为服务型政府取向的新公共管理（New Public Management，NPM）理念的影响下，规制缓和成为一种普遍性的规制改革诉求。始于20世纪70年代末的美国不规制（Deregulation）运动、80年代中后期的日本规制缓和，皆强调突出政府的服务职能，限缩其对市场的过多介入，引入市场机制和社会力量参与行政活动，缓和、废止或者整合行政规制，以信息技术应用来推动

① 江必新.论行政规制基本理论问题［J］.法学，2012（12）：17-29.

行政规制流程再造和行政规制方式变革等。英国民营化运动和德国政民协动型行政的展开，也说明了发达诸国共通的行政改革的一个重要内容——规制缓和。①

当前，我国也正从传统行政规制向现代行政规制转型，实现消极控权向积极制约监督的转变、公私法分立治理向融合治理的转变、单一规则向多元规则的转变、更多的刚性向更多的柔性的转变、单纯的监管向服务＋监管转变、主要依靠行政主体的监督向借助自治和社会组织协理转变。②如行政指导和行政合同得到了大量的运用，并且政府贷款、财政援助、行政性补贴和奖励等激励性的积极引导行为，也被采用并影响被规制对象的行为选择。③最强硬的规制工具不一定是最好的工具，合适的、管用的政策工具才是最好的选择。换句话说，规制手段不仅要多元，还要合比例、成本收益相当。《行政许可法》第十三条体现出的有限政府和合比例理念就是最好的注脚。④

三是行政规制对象向具有较强外部价值的多个公共领域延伸

江必新教授认为，行政规制的对象，即行政规制所直接指向的目标性事物，应是市场主体及其市场行为。以日本学者植草益为主的经济学家提出，规制还包括社会性规制。社会性规制是以确保国民生命

---

① 杨建顺.中国行政规制的合理化［J］.国家检察官学院学报，2017，25（03）：82-104，173-174.

② 江必新.行政法律规范现代化若干问题研究［J］.法律适用，2022（01）：3-11.

③ 江必新.论行政规制基本理论问题［J］.法学，2012（12）：17-29.

④ 湛中乐，郑磊.分权与合作：社会性规制的一般法律框架重述［J］.国家行政学院学报，2014（01）：71-75.

安全、防止灾害、防止公害和保护环境为目的的规制。社会性规制主要体现在具有公共价值的重要行业，尤其是不可再生资源（如矿产）、生命健康（如食品、药品）、公共安全（如特种设备）、公序良俗（如出版）等行业，原因在于这些行业的经济行为会不可避免地产生外部性，并且这种外部性在以私主体利益为导向的市场里处于一种几近完全的市场失灵状态，从而需要行政规制。①如仅仅在食品安全规制问题上，美国农业部、食品药品监督管理局、环保署和海产渔业局 4 个联邦行政机构就达成了 71 份跨部门的合作协议。②

四是对规制主体的规制向多元主体全过程参与监督规制转变

在我国行政法学的行政规制研究中，对行政规制主体的规制一直是行政规制的重要组成部分。由于行政规制监督制度的不完善，导致规制过程中出现了许多问题。诸如应该批准的不予批准，不应该批准的却获得批准，还有规制机关不遵守法定时限，审查过程中的寻租行为、权力滥用行为等。由于行政规制往往会涉及多个机关、多个环节，对行政规制监督的不到位、追责不到位，均会使行政规制异化，并成为腐败的温床。③

同时，我国行政主体的行为还有相当一部分尚未涵盖在规范范畴内。行政决策和行政命令方面，现有的行政处罚法、行政强制法、行

① 江必新.论行政规制基本理论问题［J］.法学，2012（12）：17–29.

② 湛中乐，郑磊.分权与合作：社会性规制的一般法律框架重述［J］.国家行政学院学报，2014（01）：71–75.

③ 杨建顺.中国行政规制的合理化［J］.国家检察官学院学报，2017，25（03）：82–104，173–174.

政复议法及行政诉讼法都是对行为末端环节的监督和管理，前端环节和中端环节的相关规范还不能达到实践需求，亟待着力解决。由于中国缺乏统一的行政合同立法，各地方政府对行政协议规定的形态各不相同。与传统行政行为相比，行政指导在法律上具有非强制性，是否依照行政指导行为处事最终取决于行政相对人的意志。因此，行政指导行为尚未被纳入行政法监管范围。①鉴于上述情况，需要建立完善的行政规制监督制度，对行政规制主体及其规制行为进行事前、事中、事后全过程监督。运用多种监督手段，包括人大监督、民主监督、行政监督、司法监督、审计监督、社会监督和舆论监督等，形成科学有效的科学传播行政规制运行和监督体系，增强监督合力和实效。

（三）科学传播行政规制的定义及基本框架

根据上述行政规制和科学传播内涵和外延的界定，本书认为，科学传播行政规制可以理解为具有公共管理职能的行政主体依照法律法规授权，为实现科学传播的最优效能和最大价值、促进科学传播的良性发展，通过制定和实施行政法规、规范、规章等对科学传播进行管理和引导的行为总和。与行政规制的构成要件相对应，科学传播行政规制包括规制主体、规制行为、规制对象等构成要件。其中，明确规制主体是前提，完备法规体系是基础，高效规制行为是重点，严密规制监督是保障。图6为科学传播行政规制的基本框架。

---

① 江必新.行政法律规范现代化若干问题研究［J］.法律适用，2022（01）：3-11.

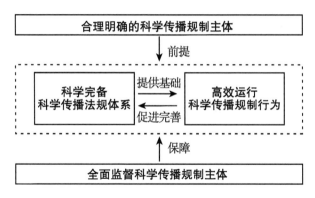

图 6　科学传播行政规制基本框架

1. 科学传播的行政规制主体

结合前文对规制主体的论述，梳理我国科学传播行政规制主体发现，主要包括以下几种类型：

一是全国人大及其常委会通过立法审议行使对规制主体的监督

如《中华人民共和国科学技术普及法》《中华人民共和国科学技术进步法》等法律的制定和修改均需全国人大常务委员会通过，确保了全国人大及其常委会对科学传播行政规制主体的立法行为监督。

二是中央国家机关作为主要行政主体依据其职权开展行政规制

与科学传播行政规制相关的机构主要包括：国家发展和改革委员会、教育部、科学技术部、工业和信息化部、公安部、财政部、自然资源部、生态环境部、农业农村部、文化和旅游部、国家卫生健康委员会、应急管理部、国家市场监督管理总局、国家广播电视总局、国家数据局、中国科学院、中国气象局等。

《中华人民共和国科学技术普及法（修改草案）》第十三条明确指出，国务院科学技术行政部门负责制定全国科普工作规划，实行政策引导，进行督促检查，强化统筹组织，发挥科普工作协调制度作用，推动科普工作发展。国务院其他行政部门按照各自的职责范围，负责有关的科普工作；第十四条明确，卫生健康、生态环境、自然资源、农业农村、广播电视、应急管理、粮食和储备、体育、水利、气象、地震、文物、文化和旅游等国家机关、事业单位，应当结合各自职能组织开展相关科普活动。

在运行机制上，全国科普工作联席会议于1996年成立，科技部为组长单位，中央宣传部、中国科协为副组长单位，旨在贯彻落实党中央、国务院关于科普工作的重大决策部署，统筹协调全国科普工作。

三是地方各级人民政府作为地方行政主体履行行政规制权

《中华人民共和国科学技术普及法（修改草案）》第十三条明确，县级以上地方人民政府科学技术行政部门及其他行政部门在同级人民政府领导下按照各自的职责范围，负责本地区有关的科普工作。

四是科协组织等人民团体作为授权主体具有相应的行政规制权

《中华人民共和国科学技术普及法（修改草案）》第十六条明确指出，科学技术协会是科普工作的主要社会力量，履行全民科学素质行动牵头职责，强化科普工作职能。科学技术协会组织开展群众性、社会性、经常性的科普活动，加强国际科技人文交流，支持有关社会组织和企业事业单位开展科普活动，协助政府制定科普工作规划，为政府科普工作决策提供建议，开展咨询服务；第十七条明确提出工会、共产主义青年团、妇女联合会等社会团体应当结合各自工作对象的特点，组织开展科普活动。《全民科学素质行动规划纲要（2021—2035年）》中提出，中国科协发挥综合协调作用，做好沟通联络工作，会同各有关方面共同推进科学素质建设。

2. 科学传播的行政规制行为

科学传播行政规制不仅包括相关行政法规、规章以及其他具体政策的立法行为，还包括具体的行政规制干预行为，主要包括行政许可、行政处罚、监督检查、行政指导、行政应急等行为。各类科学传播行政规制手段是确保科学传播活动合法、规范、有序开展的重要保障。

一是科学传播行政立法

行政机构依照法律规定的权限和程序，制定与科学传播相关的行政法规和规章的活动。在行政立法之外，还存在与之密切联系的另一种抽象行政行为，即行政机关制定具有普遍约束力的决定、命令、规定行政措施的行为，也就是制定行政法规、行政规章以外的其他规范性文件。

二是科学传播行政命令

行政主体依法要求行政相对人"为"或"不为"一定行为（作为或不作为）的意思表示，是行政规制行为中一种极为普遍的行为形式，如发布规范科学传播相关行为的命令、布告、指示、通知等。

三是科学传播行政许可

行政机构通过设定行政许可，对科学传播活动进行管理和规范，如设立科技类报纸、期刊等出版物，需要经过行政许可，获得相应的出版许可证。

四是科学传播行政处罚

行政机构对违反科学传播法律法规的行为进行行政处罚，如未经许可擅自出版科技类报纸、期刊等出版物，将受到相应的行政处罚。

五是科学传播行政监督检查

行政机构对科学传播活动进行监督和管理，确保科学传播活动的合法性和规范性，如对科技类报纸、期刊等出版物的编辑、出版、发行等环节进行监督和管理，确保其符合国家法律法规和相关政策。

六是科学传播行政应急

行政机构行使应急职权以控制和应对突发公共事件，如在重大突发或危机事件发生后，通过行政手段调动科学共同体、媒体、科技工作者等，通过科学传播及时准确地传递信息，避免谣言产生，形成高效广泛的社会动员。

七是科学传播行政指导、计划与规划

行政机构通过制定政策和指导性意见，引导和规范科学传播活动，如制定科技类报纸、期刊等出版物的发展规划和政策，引导其合理布局和科学发展。

3. 科学传播的行政规制对象

科学传播行政规制包括两个层面的规制：对科学传播主体及科学传播行为的规制；对科学传播行政规制主体及其规制行为的规制。因此科学传播行政法规制的对象，既包括科学传播主体及其科学传播行

为，也包括科学传播行政规制主体及其规制行为。《中华人民共和国科学技术普及法（修改草案）》第三章"社会责任"强调，科普是全社会的共同任务和责任。社会各界都应当组织参与各类科普活动。科学传播的主体是行政规制的主要对象，一般包括政府部门、科学共同体、媒体机构、公众等，前文中科学传播内涵部分已经对科学传播主体做了分析，这里不再赘述。

（四）"两翼理论"视域下科学传播行政规制运行机制

推进中国式现代化，要求深入实施科教兴国战略、人才强国战略、创新驱动发展战略，必须坚持科技是第一生产力、人才是第一资源、创新是第一动力，开辟发展新领域新赛道，不断塑造发展新动能新优势。当前，新兴产业加速推进，大国博弈下全球分工，科学传播走向公共领域，科技创新范式发生深刻变革，公民科学传播需求不断增强，科技创新、科学普及成为实现创新发展的"两翼"，具有同等重要的地位。没有全民科学素质的普遍提高，就难以建立起规模宏大的高素质创新大军，难以实现科技成果快速转化。

我国科学传播正在从政府主导向政府引导、多元主体参与的社会化动员机制和市场化运行模式转变，构建政府、社会、市场等协同推进的社会化协同发展格局是科学传播高质量发展的必然要求。因此，需要实现行政规制、市场机制和社会自我调节的协同联动，基于不同情境开展科学传播行政规制，推进"两翼理论"下科学传播的高质量发展。其中，合理明确的科学传播规制主体是前提，健全完备的科学传播行政立法和高效运行的科学传播行政规制行为是关键，前者为后者提供高效运行的基础，后者在实践中不断促进前者进一步完善，全面监督科学传播行政规制主体为行政规制提供重要保障（见图7）。

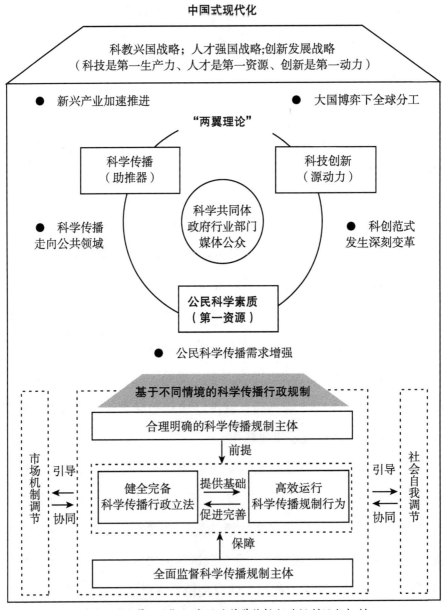

图7　"两翼理论"视域下的科学传播行政规制运行机制

第三章

我国科学传播行政规制
发展历程、趋势及挑战

本章梳理我国科学传播行政规制的发展历程，分析演变特点和规律，在此基础上总结"两翼理论"下科学传播行政规制面临的新趋势和新挑战。

（一）我国科学传播行政规制历史进程

中华人民共和国成立以来，党和国家始终给予科学传播工作以高度重视，特别是 20 世纪 90 年代之后，出台了多项推动科学传播事业发展的法规政策，科学传播行政规制体系也随之逐步建立（见图 8）。

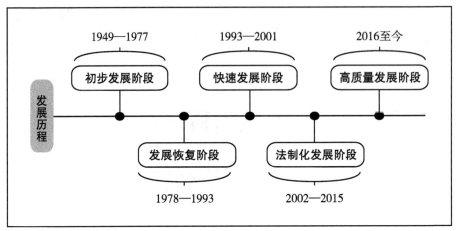

图 8　我国科学传播行政规制发展历程阶段划分

1. 初步发展阶段（1949—1977）

新中国成立初期，我国各项建设均处于相对落后的局面，整体教育水平落后。1949年9月，中国人民政治协商会议第一届全体会议召开，会议讨论了具有临时宪法作用的《中国人民政治协商会议共同纲领》。著名气象学家、教育家竺可桢等几位科学家率先提出把普及科学知识写入《中国人民政治协商会议共同纲领》，明确了"努力发展自然科学，以服务于工业、农业和国防的建设。奖励科学的发现和发明，普及科学知识"。[①]强调科普工作的重要性，充分体现了党和国家对科技创新和科学普及工作的重视，揭开了新中国科普事业的新篇章。

一是规制主体在优化调整中逐步明确

1950年8月，中华全国自然科学工作者代表会议在北京召开，在

---

① 全国政协科普课题组.深刻认识习近平总书记关于科技创新与科学普及"两翼理论"的重大意义建议实施"大科普战略"的研究报告（系列二）[N].人民政协报，2021-12-16（4）.

这次会议上成立了中华全国自然科学专门学会联合会和中华全国科学技术普及协会，即中华人民共和国第一个科学组织和第一个科学技术普及组织。全国科学技术普及协会负责领导和管理全国的科普工作，成为我国科普工作的实际推动者和管理者。[①]1958 年 9 月，经中共中央批准，全国科联和全国科普合并，正式成立中华人民共和国科学技术协会，其任务之一就是大力普及科学技术知识。

二是强调普及科学知识服务工农业建设

1954 年 7 月，中华全国总工会和全国科普共同发布《关于加强科学技术宣传工作的联合指示》，指出要"丰富工人的科学技术知识，提高他们的科学技术水平"和"加强工会组织和科学技术普及协会在科学技术宣传工作上的亲密合作"，反映出推动科普与经济生产结合，是提高劳动生产率的有效措施。1956 年 1 月，《1956 年到 1967 年全国农业发展纲要（草案）》中明确规定了要扫除文盲，发展农村文化教育事业，提高农村基层干部和农民的文化水平。随后，全国科普确定今后的工作重点之一就是根据该草案向农民宣传农业知识和其他科学知识，与农业部联合出台了相应的开展农村科学技术宣传工作的通知。地方政策也体现了这一特点，1957 年 5 月，陕西省农业厅、科学技术普及协会等 9 个部门联合发布了《关于开展农村科学技术宣传工作的通知》，指出农村科普工作要以农村干部、青年农民为主要对象，兼顾老年农民，在内容上以生产技术知识、卫生知识和一般科学知识为主，在宣传方式上要注意小型多样，以人民群众喜闻乐见的形式进行。中国科协制定了《1959 年全国科协工作规划要点（草案）》，提出科普要"紧密结

---

① 任福君.新中国科普政策70年［J］.科普研究，2019，14（05）：5-14，108.

合工农业生产"。1961年4月，中国科协制定了《关于为农业生产服务的几点意见（草案）》《关于为工业生产服务的意见（草案）》，针对农业和工业生产，分别提出了"普及科学技术知识，培训科学技术骨干""协助厂矿、企业积极培养科学技术队伍，广泛普及科学知识"的任务，结合工作生产实际开展活动。①当时科学传播的相关政策所明确的科普对象相对单一，主要是工人和农民。

三是行政规制以命令、计划与规划为主

1953年4月，中共中央颁布了《关于加强对科学技术普及协会工作领导的指示》，这是中华人民共和国成立后首个中央级别的科普专门政策，对此后科普政策的颁布产生了重要影响，进一步推动了面向全社会的普及科学知识工作，与《中国人民政治协商会议共同纲领》一起成为各项科普政策的重要参照。《关于加强对科学技术普及协会工作领导的指示》中明确提出科普工作要"配合国家大规模经济建设"，各地相继成立科普协会并依次开展科普工作。②《1956—1967年科学技术发展远景规划纲要草案》于1956年8月完成，这是我国第一个全国性的科技发展远景规划，提出为了加速高级科学人员的培养，必须在保证质量的原则下，采取多种多样的有效措施。这个规划体现出科学传播工作是促进科学技术工作的重要手段。③1958年的《中华全国科学技术普及协会1958—1962年工作发展纲要草案》中提出，到1962年底，

---

① 王丽慧，王唯滢，尚甲，王挺.我国科普政策的演进分析：从科学知识普及到科学素质提升［J］.科普研究，2023，18（01）：78-86，109.

② 王丽慧，王唯滢，尚甲，王挺.我国科普政策的演进分析：从科学知识普及到科学素质提升［J］.科普研究，2023，18（01）：78-86，109.

③ 任福君.新中国科普政策70年［J］.科普研究，2019，14（05）：5-14，108.

要做到"在全国范围内建立起广泛的科学普及的宣传网，经常进行科学技术宣传"。^①由此可见，行政命令、计划与规划是当时科学传播行政规制的主要方式。

20世纪六七十年代，科学传播工作虽处于艰难探索中，但在中国科协、科技部和中国科学院等科技领域相关部门的推动下并未完全停滞。这一时期的科学传播政策延续了中华人民共和国成立以来的服务工农业生产、普及科学知识的核心目标导向。

2. 发展恢复阶段（1978—1992）

这个阶段仍处于传统科学普及阶段，科学传播行政规制的相关法规、规章等政策数量较少，且规制主体和规制对象相对单一，但相比改革开放前，科学传播行政规制的内容日趋丰富，范围和对象不断延伸拓展。

一是"普及科学和技术知识"写入《宪法》

1977年后，我国科普事业进入全面恢复发展阶段。全国科学大会于1978年3月召开，邓小平在开幕式上讲话，提出"四个现代化，关键是科学技术的现代化"，进而重申"科学技术是生产力"，强调"必须大力做好科普工作"。当时的国务院副总理方毅向大会作了"向科学技术进军"的报告，就如何"大力做好科学普及工作"，提出了普及主体、普及方式和普及对象等方面的具体要求，并强调要用现代化科学技术知识武装广大干部和群众，要学习国外先进科学技术和新科学技术

---

① 王丽慧，王唯滢，尚甲，王挺.我国科普政策的演进分析：从科学知识普及到科学素质提升［J］.科普研究，2023，18（01）：78-86，109.

成果，要在全社会造成一个爱科学、学科学、用科学的良好社会风气。^①周培源代表中国科协发言强调了科学普及工作的重要意义，为改革开放后科普工作的繁荣发展揭开了序幕。同年10月，国家发布《1978—1985年全国科学技术发展规划纲要》，确定了科学技术的工作任务，其中强调要"大力支援群众性的科学种田和技术革新活动，积极开展科学普及工作"，要求"利用讲演、广播、电视、电影、展览、书刊等各种手段，加强城乡科学技术知识的普及工作"。^②

1982年《宪法》第二十条明确提出："国家发展自然科学和社会科学事业，普及科学和技术知识，奖励科学研究成果和技术发明创造。"^③将科普写入《宪法》，肯定了科普对国家科学事业发展的基础性作用，为深化普及科学知识提供了重要指导。

二是规制主体以国家机关和科协组织为主

改革开放后，我国科普政策的制定与颁布从停滞走向复苏，虽然整体上科普相关政策的数量依然不多，且科学传播相关政策的发布主体仍以国家有关机关和中国科协为主，但是国家层面的规划战略开始突出和强调科学普及的重要性。1982年12月，第五届全国人民代表大会第五次会议对《关于第六个五年计划的报告》的决议中提出："要特别重视对青少年的科学普及教育，培养他们爱科学、学科学。"1991年4月，《中华人民共和国国民经济和社会发展十年规划和第八个五年计划纲要》中指出要"大力进行科学普及和适用科技的示范推广"。这一时

① 任福君.新中国科普政策70年［J］.科普研究，2019，14（05）：5-14，108.

② 王丽慧，王唯滢，尚甲，王挺.我国科普政策的演进分析：从科学知识普及到科学素质提升［J］.科普研究，2023，18（01）：78-86，109.

③ 中华人民共和国宪法（1982）［M］.北京：人民出版社，1982.

期，针对科普工作还颁布了一些专门的政策，如1986年国家民委、中国科协印发了《关于加强少数民族地区科普工作的意见》。[①]中国科协组织了一些有影响的科普活动和青少年科技活动，成立了中国科普作家协会等专门学会，设立了中国科普研究所，加强了基层科普组织建设，形成了较为系统的科普网络。

三是行政规制边界和对象不断拓展和延伸

在这个时期，科学传播政策的形式不再仅限于专门的政策文件，而是开始扩展到其他领域的政策文件中的科学传播相关政策内容。科学传播行政规制的领域和边界也不断扩展和延伸，以适应新的发展需要。例如，1979年颁布的《省、市、自治区博物馆工作条例》中第十三条明确了科普是博物馆的工作内容，"根据博物馆的性质和陈列的内容，举办讲座，配合学校教学，编写宣传材料和组织流动展览等，加强科学普及工作"。1979年颁布的《邮电科学研究机械工作试行条例》中提出要"积极支持参加科学普及活动"。1982年颁布的《城市园林绿化管理暂行条例》中提出"各城市要加强园林绿化的科学普及和宣传工作"。[②]

3. 快速发展阶段（1993—2001）

改革开放后我国科技事业蓬勃发展，科教兴国战略全面实施，公

① 王丽慧，王唯滢，尚甲，王挺.我国科普政策的演进分析：从科学知识普及到科学素质提升［J］.科普研究，2023，18（01）：78-86，109.

② 王丽慧，王唯滢，尚甲，王挺.我国科普政策的演进分析：从科学知识普及到科学素质提升［J］.科普研究，2023，18（01）：78-86，109.

民理解科学理论被引入国内。从20世纪90年代开始，我国科学传播进入新阶段，科学传播行政规制紧跟国家整体战略部署，其导向由普及科学知识向提高公民科学素质转变，随之带来的是科学传播行政规制主体日趋多元，逐渐从国家机关延伸到地方政府。

一是强调全面提升公民科学素质

1993年全国人大通过的《中华人民共和国科学技术进步法》和1994年颁布的《关于加强科学技术普及工作的若干意见》中充分体现出科普工作从普及科学知识到提高科学素质的转向。[①]《中华人民共和国科学技术进步法》第六条规定："国家普及科学技术知识，提高全体公民的科学文化水平。"《关于加强科学技术普及工作的若干意见》中强调要"提高全民科技素质"，指出"从科普工作的内容上讲，要从科学知识、科学方法和科学思想的教育普及三个方面推进科普工作。在继续做好科学知识和适用技术普及宣传的同时，要特别重视科学思想的教育和科学方法的传播，培养公众用科学的思想观察问题，用科学的方法处理问题的能力"。[②]这一时期科普工作的对象也更为多元，从中华人民共和国成立初期以工人、农民为主扩展到更广泛的社会群体，尤其注重对青少年和各行业领域人员的科学传播。

二是规制目标紧跟国家战略调整

科学传播政策涉及领域不断扩大，与国家整体战略目标之间的联

---

① 王丽慧，王唯滢，尚甲，王挺.我国科普政策的演进分析：从科学知识普及到科学素质提升［J］.科普研究，2023，18（01）：78-86，109.

② 王丽慧，王唯滢，尚甲，王挺.我国科普政策的演进分析：从科学知识普及到科学素质提升［J］.科普研究，2023，18（01）：78-86，109.

系愈加紧密。1995年5月，中共中央、国务院颁布《关于加速科学技术进步的决定》，明确提出实施科教兴国战略，将提高全民族的科技文化素质列为科教兴国战略实施的重要内容。[①]1999年，科技部、中国科协等9部门联合发布《2000—2005年科学技术普及工作纲要》，强调要从事关现代化建设成败和民族兴衰的战略高度认识科普工作，把提高国民科技素质作为增强综合国力和国际竞争力的基石，把发展科普事业作为科技创新、素质教育和文化建设的重要环节。[②]

三是从国家机关延伸到地方政府

1996年，全国科普工作联席会议成立。同年，中宣部、国家科委、中国科协共同召开了全国科学普及工作会议，联合发出《关于加强科普宣传工作的通知》。中宣部、中国科协等10部门联合发出《关于开展文化、科技、卫生"三下乡"活动的通知》。2000年，科技部、中国科协、共青团中央等5部门联合发布了《2001—2005年中国青少年科学技术普及活动指导纲要》，等等。[③]

为了贯彻落实中央决策部署，20世纪90年代开始，各省（自治区、直辖市）以科普条例为核心，积极制定实施科学传播政策条例等，科学传播行政规制主体逐渐从国家机关扩展到地方政府。2002年《中华人民共和国科学技术普及法》正式颁布前，河北、天津、江苏、北京等11个省（自治区、直辖市）颁布了科学技术普及条例，另外广州、郑州、沈阳、抚顺4个市也颁布了科学技术普及条例。还有一些地方颁布

---

① 王丽慧，王唯滢，尚甲，王挺.我国科普政策的演进分析：从科学知识普及到科学素质提升［J］.科普研究，2023，18（01）：78-86，109.

② 任福君.新中国科普政策70年［J］.科普研究，2019，14（05）：5-14，108.

③ 任福君.新中国科普政策70年［J］.科普研究，2019，14（05）：5-14，108.

了有针对性的科普专门政策，对科普工作的组织管理、社会责任、活动开展、人财物保障等都做出了具体规定。[1]

在这期间，科技部、中宣部和中国科协联合召开了三次全国科普工作会议，以推动我国科普工作有计划、有目标、有重点地组织实施。在三次全国科普工作会议的推动下，各部委陆续制定并实施科学传播相关政策法规，从经费投入、场馆建设、税收优惠、队伍建设等多方面给予政策支持，提供更为具体的工作指导。地方科学传播法规政策也充分体现了这一特点。例如，云南1997年出台《云南省省级科学技术普及专项经费管理办法》和2000年广州市人民政府转批市科委《广州市科学技术普及基地认定办法》的通知等都是科普政策内容更具针对性的体现。[2]2001年3月22日，国务院将每年5月的第三周定为"科技活动周"，在全国范围内开展群众性科学技术活动。[3]这些科普具体政策在我国各地的科普实践中形成了一系列行之有效的制度。

4. 法制化发展阶段（2002—2015）

《中华人民共和国科学技术普及法》的颁布推动科普走上法制轨道，科学传播法规政策体系逐步形成，政策法规目标更为明确，行政规制主体也更趋向于协同合作。

① 王丽慧，王唯滢，尚甲，王挺.我国科普政策的演进分析：从科学知识普及到科学素质提升［J］.科普研究，2023，18（01）：78-86，109.

② 王丽慧，王唯滢，尚甲，王挺.我国科普政策的演进分析：从科学知识普及到科学素质提升［J］.科普研究，2023，18（01）：78-86，109.

③ 张义忠，任福君.我国科普法制建设的回顾与展望［J］.科普研究，2012，7（03）:5-13.

一是科学普及走上法制轨道

2002年，我国颁布《中华人民共和国科学技术普及法》，这是世界首个关于科学普及的立法。《中华人民共和国科学技术普及法》通过法律形式确立了科普工作的属性、任务、内容和科普活动方式，规定了国家机关、社会团体、企业事业单位、基层组织、科技部门、科协等组织以及公民在科学普及方面的权利、义务、职责和责任。[1]《中华人民共和国科学技术普及法》中强调，科普是全社会的共同责任，国家保护科普组织和科普工作者的合法权益，鼓励科普组织和科普工作者自主开展科普活动，依法兴办科普事业，并对社会力量兴办科普事业进行了原则规定。《中华人民共和国科学技术普及法》的颁布是实施科教兴国和可持续发展战略、推进和加强科学传播工作的延续和深化。

二是政策法规体系逐步形成

《中华人民共和国科学技术普及法》的颁布为科普工作提供了坚实的法律保障，同时也促进了相关政策文件的制定和实施。2003年，中国科协、建设部等部门联合出台了《关于加强科技馆等科普设施建设的若干意见》，中宣部、中国科协等部门联合发出了《关于进一步加强科普宣传工作的通知》，修订后的《国家科学技术奖励条例实施细则》将科普成果列入国家科学技术进步奖的奖励范围。2004年，国土资源部、科技部联合提出《国土资源科学技术普及行动纲要》。2005年，国务院颁布《国家中长期科学和技术发展规划纲要（2006—2020年）》，其中明确提出实施全民科学素质行动计划、加强国家科普能力建设、建立科普事业的良性运行机制，提高全民族科学文化素质，营造有利于科技

---

[1]　任福君. 新中国科普政策70年［J］. 科普研究，2019，14（05）：5-14，108.

创新的社会环境。根据这一明确要求，也为了更有针对性、有目的、有步骤地提高全民科学素质，2006年国务院颁布了《全民科学素质行动计划纲要（2006—2010—2020年）》，该纲要是我国科普发展史上一份里程碑式的重要文件，也是我国公民科学素质建设工作方面第一个系统性的纲领文件。该纲要对 2006—2020年全民科学素质行动计划做出了全面规划，提出了科普工作开展的指导方针、主要目标、任务与措施等。①

2006年3月19日，作为国务院原下属机构的全民科学素质工作领导小组成立，2006年《全民科学素质行动计划纲要（2006—2010—2020年）》颁布后，各省、自治区、直辖市也根据该纲要要求和地方科普工作发展需要，出台了相应的科普政策和公民科学素质建设措施。2008年3月21日全民科学素质工作领导小组撤销，其工作由中国科学技术协会承担。

在这个阶段，国家在制定相关法律时，将科学传播的内容纳入立法范围，促进了法律法规和科学传播配套政策的不断完善，专门领域的法律与科学传播的衔接不断加强。例如，2002年修订的《中华人民共和国农业法》中提出要"提高农民的科学文化素质"，进一步明确开展农业科普、提高农民科学文化素质的重要性。相应地，科技、教育、文化、卫生健康、环境保护、应急管理等领域的法律在制定和修改中，都进一步明确并细化普及相关科学知识的职责定位，推动各领域健全科普工作制度。②2007年8月30日，第十届全国人民代表大会常务

---

① 任福君.新中国科普政策70年［J］.科普研究，2019，14（05）：5–14，108.

② 王丽慧，王唯滢，尚甲，王挺.我国科普政策的演进分析：从科学知识普及到科学素质提升［J］.科普研究，2023，18（01）：78–86，109.

委员会第二十九次会议通过《中华人民共和国突发事件应对法》，对应急科普的相关制度作了全面、明确的规定，在总则第六条中明确了国家的应急科普义务，明确国家建立有效的社会动员机制，增强全民的公共安全和防范风险的意识，提高全社会的避险救助能力。相应的制度更加细化的主要部门法有：《中华人民共和国传染病防治法》（2004年修订）、《中华人民共和国固体废物污染环境防治法》（2004年修订）、《中华人民共和国未成年人保护法》（2006年修订）、《中华人民共和国动物防疫法》（2007年修订）、《中华人民共和国节约能源法》（2007年修订）、《中华人民共和国科学技术进步法》（2007年修订）、《中华人民共和国防震减灾法》（2008年修订）、《中华人民共和国村民委员会组织法》（2010年修订）、《中华人民共和国职业病防治法》（2011年修订）、《中华人民共和国清洁生产促进法》（2012年修订），等等。[1]

三是规制主体协同不断加强

从部门领域看，《中华人民共和国科学技术普及法》颁布后，相关配套政策大量出台，各部门注重联合协作开展科学传播行政规制。例如，2007年2月，科技部、中宣部、国家发展和改革委员会、教育部、国防科工委、财政部、中国科协、中国科学院八部门联合发布了《关于加强国家科普能力建设的若干意见》，从繁荣科普创作、加强公众科技传播体系和科普基础设施建设、完善中小学科学教育体系、完善政府与社会的沟通机制、建设高素质的科普人才队伍等方面提出了加强科普能力建设的具体保障措施。2008年11月，国家发展和改革委员会、科技部、财政部和中国科协共同印发了《科普基础设施发展规划（2008—

---

① 张义忠,任福君.我国科普法制建设的回顾与展望［J］.科普研究,2012,7（03）:5-13.

2010—2015）》，提出了我国科普基础设施的发展目标、总体部署与重点任务以及保障措施。[①]

5. 高质量发展阶段（2016 年至今）

这个阶段，在"两翼理论"指导下，科学传播相关政策法规加速修改完善，"国家—部门—地方"政策法规体系初步构建，科学传播行政规制进入高质量发展阶段。

一是"两翼理论"成为主要目标理念

2016年，习近平总书记在"科技三会"上强调，"科技创新、科学普及是实现创新发展的两翼，要把科学普及放在与科技创新同等重要的位置"。"两翼理论"成为科学传播行政规制遵循的基本理念，《"十四五"国家科学技术普及发展规划》设置单独章节"推动科学普及与科技创新协同发展"，提出充分调动科技工作者参与科普工作的积极性、持续推进科技创新资源科普化、聚焦科技前沿开展针对性科普、发挥科普对于科技成果转化促进作用、抓好科技伦理宣传。《关于新时代进一步加强科学技术普及工作的意见》在"促进科普与科技创新协同发展"部分，要求发挥科技创新对科普工作的引领作用，发挥科普对科技成果转化的促进作用。

二是政策法规进入加速修改完善期

2021 年 12 月 24 日第十三届全国人民代表大会常务委员会第

---

① 王丽慧，王唯滢，尚甲，王挺.我国科普政策的演进分析：从科学知识普及到科学素质提升［J］.科普研究，2023，18（01）：78-86，109.

三十二次会议审议通过《中华人民共和国科学技术进步法（修订草案）》。修订后的《中华人民共和国科学技术进步法》于 2022 年 1 月 1 日起正式施行，其中第十二条明确提出："国家发展科学技术普及事业，普及科学技术知识，加强科学技术普及基础设施和能力建设，提高全体公民特别是青少年的科学文化素质。科学技术普及是全社会的共同责任。国家建立健全科学技术普及激励机制，鼓励科学技术研究开发机构、高等学校、企业事业单位、社会组织、科学技术人员等积极参与和支持科学技术普及活动。"

2023 年 4 月，科技部组织起草的《中华人民共和国科学技术普及法（修改草案）》发布并征求意见。修改说明中提到，《中华人民共和国科学技术普及法》颁布实施二十年来，国内外环境发生了重大变化，对法律修改提出了一系列新需求：习近平总书记关于科普工作的重要论述精神亟须在法律中予以体现和贯彻落实；《中华人民共和国科学技术进步法》等法律法规的修改对于《中华人民共和国科学技术普及法》修改提出新需求；科普工作面临的一系列难题，对《中华人民共和国科学技术普及法》的修改提出了新需求；科普发展与改革的成功经验需要以法律形式加以固化。

三是多层级政策法规体系初步构建

这个阶段，科学传播相关规制政策体系不断健全，覆盖面不断扩展，逐步形成以《中华人民共和国科学技术普及法》为核心的从中央到地方的"国家—部门—地方"科普政策体系。以《宪法》为最高指引、以《中华人民共和国科学技术普及法》为基础、以国家发展规划中的科普战略为制度目标、以部门科普政策为主要内容、以地方性法规政策为补充的科普政策法规逐步健全，我国科学传播领域基本法律制度体系初步建立，这些制度广泛涵盖了中央立法、地方条例、部门规章和行政法规等多个层面，形成了科普领域法律制度体系的"四梁八柱"。

（二）我国科学传播行政规制的演进特点

分析中华人民共和国成立以来我国科学传播行政规制演变的历程，可以看到，各个历史时期的科学传播行政规制重点不尽相同，在行政规制理念、行政规制主体、行政规制范围等方面呈现出不同的特点，从整体演进趋势上，呈现出如下特点。

1. 行政规制理念紧跟国家发展要求

我国科学传播政策的目标实现了从单纯普及科学技术知识到提高公民科学素质的跨越式发展。在中华人民共和国成立初期，科学传播在国家发展中的战略地位并不明显，相关工作与工农业生产紧密结合，政策目标主要服务于国家发展建设。在科学传播政策的调整发展阶段，其内容与领域逐渐丰富，财政、设施和人才等配套措施共同推动科普工作的深入发展。特别是《中华人民共和国科学技术普及法》的颁布，科普政策的体系化特征更加明显，作为一个独立的政策领域发挥作用，其政策目标侧重于融合和推动国家战略目标，政策内容、领域的关联性和衔接性逐渐增强，与国家科技政策之间的互动也更为显著。随着科技和经济社会发展的渗透融合不断加速，科学传播与经济、政治、文化、社会、生态文明的系统协同不断深化。

2. 行政规制主体呈现多元趋势

与相关政策法规领域的拓展相对应，科技融入经济社会发展的各个方面，促进了科学传播与多领域工作的密切融合，表现出政策内容日趋丰富的特点。科学传播的范围更广泛，科学传播政策的执行主体也更多元，逐步转变为多领域、多主体共同参与、协同推进的工作格局。

3. 行政规制范围不断拓展延伸

我国科学传播相关政策将科学传播作为科技发展和经济社会发展的有机组成部分，不仅是为了促进科学传播的发展，更重要的是通过科学传播来提高公众对科学技术的认识，提高全民科学素质，促进国家创新发展。科学传播相关政策在逐渐发展的过程中，已经不再局限于传统的科学传播政策，而是包括科学传播政策和其他领域政策中的科学传播，且相关领域的范围仍在扩展和延伸。

（三）我国科学传播行政规制面临的新挑战及问题表现

2021年颁布的《全民科学素质行动规划纲要（2021—2035年）》和2022年颁布的《关于新时代进一步加强科学技术普及工作的意见》中明确了新时代科普工作的方向，提出要突出科普工作的政治属性，强化价值引领，体现出科普政策目标在提升公众科学素质方面更加深化，聚焦于服务创新发展，指明了我国科学传播在新时代的发展方向。新时代新征程，"两翼理论"对科学传播行政规制主体、政策法规制定、行政规制行为和对规制主体的监督等方面提出新要求，科学传播行政规制面临一系列新挑战（见图9）。

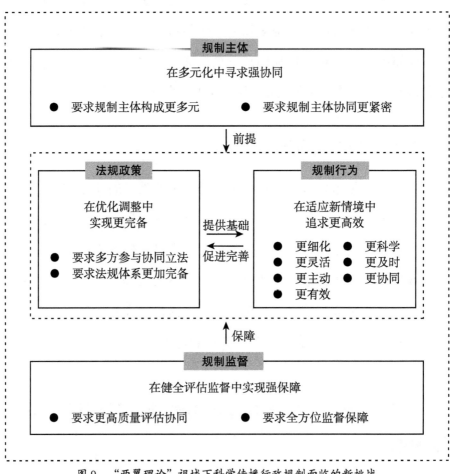

图 9 "两翼理论"视域下科学传播行政规制面临的新挑战

1. 行政规制主体要在多元化中寻求强协同

近年来，我国相关部门积极贯彻习近平总书记的"两翼理论"重要指示精神，不断强化科学传播工作的顶层设计，推动构建"两翼"同等重要的制度安排，持续完善科学传播相关法律法规、政策规划和体制机制，构建适应新时代科技强国建设要求的科学传播工作格局。

一是规制主体构成更多元要求规制权力分配更科学

"两翼理论"要求科学普及与科技创新形成强联动关系，必然带来科学传播与科技、经济、政治、文化、社会、生态文明的系统协同不断深化，推动科学传播行政规制主体逐渐多元化，对科学传播行政规制多元化主体之间的权力配置和协同能力提出更高要求。长期以来，我国科学传播一直是政府、各级科协和科技工作者等分别发挥管理、组织实施和主导作用，1994年颁布的《关于加强科学技术普及工作的若干意见》中对这三方力量的强调正是如此。经过科学传播事业几十年的发展，科学传播规制主体多元化趋势日益明显。刘玉强、单孟丽、张思光基于1994—2020年相关政策文本的分析，对我国科学传播政策制定主体协同演化研究发现，近年来参与发文的政策主体数量和政策文本数量均呈现从发生、发展到稳步均衡的态势，反映出科学传播工作从早期的由科技部门和科协组织为主导的部门工作，逐步转向多部门、多主体参与协同的大科普工作。①

科学传播规制主体的多元化扩展，有助于推动社会化大科普战略的实施，深化高质量科学传播内容的产出供给。然而，我国传统行政法通常以单一行政机关为制度预设，为完善、规范科学传播多元服务体系，消除规制机构职能交叉、职权不清晰的现象，需要进一步明确科学传播行政规制主体的职能和责任，对不同科学传播规制主体的规制权做出合理有效的分配，以确保行政规制权行使的权威性和有效性。

---

① 刘玉强，单孟丽，张思光.我国科普政策制定主体协同演化研究——基于1994—2020年政策文本的分析［J］.科普研究，2022，17（03）：62-71，108.

二是规制主体网络更广泛要求规制主体协同更紧密

近年来，科技部、科协组织、财政部、教育部及国家发展和改革委员会等主体的协同广度和深度在不同时期均有不同程度的拓展。在各个阶段，科技部均具有较高的协同广度，这反映出其作为全国科普工作主管部门能够广泛地协同各类科普政策主体。科协组织同样具有较高的协同广度和深度，反映出其作为科普主力军能积极组织各类主体承担各类科普工作，尤其是随着《全民科学素质行动计划纲要（2006—2010—2020年）》的颁布实施，科协组织的协同广度和深度都有进一步的提升。[①]

我国政策主体间的平均距离呈上升趋势，网络密度呈下降趋势，说明在我国科学传播作为一项全民事业，虽具有多主体广泛参与的典型特征，但是数量众多的行政规制主体并没有形成广泛而紧密的合作网络，主体间的合作协同依然有很大拓展空间。[②]同时，我国传统行政机关往往忽视机构间协调工具的建构，在协同机制方面，各项政策出台主体、各项科普工作主管部门及实施单位之间缺乏协同交流，造成了资源的重复与浪费，缺少行政规制主体协同的经验。

2. 政策法规要在优化调整中实现更系统

当前，距离《中华人民共和国科学技术普及法》的颁行实施已经过去20余年，相关政策法规体系及部分条款已不太能满足新时代科学传播的发展要求和人民的科学需求，有些科学传播行政领域还存在立

---

① 刘玉强，单孟丽，张思光.我国科普政策制定主体协同演化研究——基于1994—2020年政策文本的分析[J].科普研究，2022，17（03）：62-71，108.

② 刘玉强，单孟丽，张思光.我国科普政策制定主体协同演化研究——基于1994—2020年政策文本的分析[J].科普研究，2022，17（03）：62-71，108.

法空白。①要与时俱进、不断优化调整现有科学传播政策法规，使之更加全面、系统、完善、高效。

一是广泛渗透多领域要求立法参与方更多元

科学普及和科技创新作为创新发展的"两翼"，显著提升了科学传播的战略地位并扩大了其战略格局。科学传播与教育、科技、人才等工作紧密相关，成为多领域、多主体关注的焦点。围绕"两翼理论"，关注科学传播与科技创新的协同发展，推动多元主体协同立法成为趋势。当前，我国仍存在对科学传播与科技创新同等重要认识不足的问题，对科学传播的新形势、新使命和新要求的分析还不够深入，部门和地方对科学传播在创新发展中的价值认识尚不到位，尚未完全形成科技创新与科学传播"同等重要"的战略共识；科技创新与科学传播在发展中存在割裂现象，重视科技创新而轻视科学传播，"两翼"发展仍存在失衡现象；制定政策鼓励多方共同参与、发挥专业机构建言献策作用的机制还不够完善。这就要求我国科学传播相关立法体现整体性、系统性，开展多部门、多领域协同立法，尽快弥补传统部门立法的局限。

二是多层级多领域法规体系要求布局更完善

目前，我国已经基本建立了相对完善的科学传播政策法规体系，"国家—部门—地方"的科学传播政策体系初步形成，但依然存在一些问题，如在政策体系性方面，当前政策呈现多点分散的特征，内容缺乏全面性和系统性；在政策衔接性方面，现行的科普法律体系与我国在教育、文化、新闻传播等领域的法律衔接度不够，部分法律规范之

① 张思光，向小薇，周建中.关于实施大科普战略的法治保障研究［J］.中国科学院院刊，2023，38（05）：748-754.

间存在"冲突"现象[①];在重点领域方面,特别是防火、防震、防疫、防洪、抗旱这些紧急避险和应急救援的专业领域科普,还相对不足[②];在操作性方面,目前实施的部分制度规定还比较概括,可操作性低,诸多法律条款相对宽泛,实施中存在落地难和效果弱的问题。这就要求完善科学传播顶层设计和配套体制机制建设,保障科技创新与科学传播之间的协同发展。

3. 规制行为要在适应新情境中追求更高效

《"十四五"国家科学技术普及发展规划》为推动科学普及与科技创新协同发展提出了具体规划。《关于新时代进一步加强科学技术普及工作的意见》中明确提出促进科普与科技创新系统发展的具体要求。这表明,"两翼理论"为科学传播提出了新要求,同时也促进了更多科学传播新情境的出现。为了实现更高效的科学传播行政规制,需要不断适应新情境,调整行政规制策略,丰富行政规制手段,推动科学传播与科技创新的协同发展。

一是规制对象日趋丰富要求规制行为更细化

《关于新时代进一步加强科学技术普及工作的意见》将强化全社会科普责任提升到了重要位置,系统规划了各类社会主体应承担的功能,涵盖了各级党委和政府、各行业主管部门、各级科学技术协会、各类学

---

① 张思光,向小薇,周建中.关于实施大科普战略的法治保障研究[J].中国科学院院刊,2023,38(05):748-754.

② 以创新和科普的双重动力推动实现高水平科技自立自强——国新办新时代加强科学技术普及工作有关情况发布会实录[J].国际人才交流,2022(09):15-21.

校和科研机构、企业、各类媒体和广大科技工作者的科普责任。科学传播主体构成越发多元化，对政府推动、社会协同、开放合作、全民参与的传播格局提出更高要求。

目前我国科学传播的市场化和社会化程度还不够高，部分行业、企业、媒体和科技工作者缺乏科学传播意识，参与科学传播的主动性和积极性有待提升，这导致了科学传播的社会化协同程度较低，不利于科学传播能力的整体提升。为满足不同领域的个性化科学传播需求，科学传播行政规制需要针对不同的规制对象和科学传播情境，持续细化完善相关规制内容，以确保行政规制的科学性和有效性。

二是规制工具不断丰富要求行为组合更灵活

科学传播行政主体对于规制对象的规制行为具有独立性，相互之间也存在互补性，应当依据内外部环境科学合理配置，以充分发挥行政规制的价值作用。同时，"两翼理论"下的科学传播行政规制也面临诸多新情况和新诉求，系统性和协同性要求不断提升，行政规制手段要从数量、功能和结构等方面进行科学灵活的组合，才能实现科学传播行政规制体系的高效运行。

目前，我国在科学传播人才培养、科学传播经费筹措、科学传播活动举办、科学传播基础设施建设及科学传播作品创作等领域中，尚未精准挖掘与各类社会主体的利益共通点，高效的行政规制策略还未形成。张根文、都江堰借鉴麦克唐纳（McDonnell）和埃尔莫尔（Elmore）的政策工具分类，对国家部委颁布的科普政策进行分析，将基本政策分为命令性工具、激励性工具、能力建设工具、系统变革工具、象征与劝诚工具。其中，能力建设工具和命令性工具聚焦制度建设和可持续发展能力，针对不同地域，制定长期发展规划；激励性工具通过激励手段来提高科普工作的积极性；系统变革工具用来消除阻碍科普政策推行的机制障碍和解决权力责任不匹配的问题；象征与劝诫工具是将社会团体与政府机构相互结合起来，扩大科普政策的受众范围。研究统计发现，2017—2021年与2007—2016年相比，从政策工具的角度来看，能力建设工具使用依旧占比过半，但是系统变革工具、命令性工具和象征与劝诫工具的使用边际增速逐渐趋缓，激励性工具增速较快。研究者提出，我国相关政策工具虽类型多样，但科学组合配置有待进一步优化。[①]

三是科技创新引领科学传播要求规制更主动

《"十四五"国家科学技术普及发展规划》中强调聚焦科技前沿开展针对性科普，要求针对新技术新知识开展前瞻性科普，促进公众理解和认同，推动技术研发与应用。面向关键核心技术攻关，聚焦国家科技发展的重点方向，强化脑科学、量子计算等战略导向基础研究领域的科普，引导科研人员从实践中提炼重大科学问题，为科学家潜心研究创造良好氛围。发挥广大科研人员的科普积极性，引导社会形成理解和支持科技研发的正确导向。

《"十四五"国家科学技术普及发展规划》中提到的科学传播活动，包括搭建科学家与公众对话平台、举办各类科技节等科学公众活动，以及面向公众开放科技成果和课题等典型场景。科技创新引领科学传播要求行政规制更加主动，鉴于目前我国科学传播在这方面的实践经验

---

① 张根文，都江堰.政策工具视角下我国科普政策研究——基于2000—2021年政策的文本分析［J］.科普研究，2023，18（02）：9-18，110.

不足，亟须加强行政规制的引导作用，促进科学传播活动开展及场景创新，在全社会形成支持理解国家科技创新的良好氛围。

四是科学传播促进成果转化要求规制更有效

《"十四五"国家科学技术普及发展规划》中强调发挥科普对于科技成果的转化促进作用，围绕科技成果开发系列科普产品，运用科普引导社会正确认识和使用科技成果，通过科普加快科技成果转化。鼓励科技企业、众创空间、大学科技园等创新载体和专业化技术转移机构结合科技成果转化需求加强科普功能。依托科技成果转移转化示范区、高新技术产业开发区等，搭建科技成果科普宣介平台。鼓励在科普中率先应用新技术，打造应用场景，营造新技术应用的良好环境。

在科学传播促进科技成果转化方面，传统方式是以行政手段来强制推进的，缺少综合运用行政规制、市场调节、社会自治三种方式协同推进的经验，尚未形成一整套完善的系统规制体系。发挥科学传播促进科技成果转化的重要推动作用，不仅需要行政规制的引导，还需要借助市场调节和社会自治的协同效用，从而更好地鼓励科技企业等科学共同体在担当科技创新主体的同时，成为科学传播的主力军，共同推进科学传播和科技创新协同发展。

五是构建人类命运共同体要求行政规制更协同

《"十四五"国家科学技术普及发展规划》从拓展国际科普交流机制、深入开展青少年国际科普交流、加强重点领域国际科普合作、促进与港澳台科普合作四个方面做出了具体部署。《关于新时代进一步加强科学技术普及工作的意见》从推动构建人类命运共同体的高度，强调要坚持开放合作，推动更大范围、更高水平、更加紧密的国际科普交流。

全球科技博弈加剧，科技实力成为大国博弈的关键，在泛政治化框架下用国际政治视角审视科技传播，无论是传播机构还是受众，都易被意识形态偏见裹挟，假科学、假信息、片面信息加速传播，大大增加了辟谣难度，迫切需要通过科学传播行政规制手段，加大舆情引导和谣言管控，建立多方协同的行政规制机制，鼓励多元主体参与对外科技传播，构建中国对外科学传播的话语体系和叙述路径。

六是融媒体场景要求科学传播行政规制更前瞻

融媒体时代背景下，在信息技术的发展及移动社交平台日益普及的情况下，促进科学传播主体与受众的互动交流，构建公众参与科学、服务科学的公共空间，加强网络空间的舆论引导，成为科学传播的工作重点。在融媒体时代科学传播主体泛化、渠道多元、范围扩大、方式多样、速度加快的新背景下，科学传播规制主体要更及时、更准确地做出预判，运用切实可行的规制手段，有效开展科学传播行政规制。在目前的科学传播新格局中，人们获取科学信息的来源不仅包括图书、报纸、广播、电视等大众媒介渠道，还包括社交媒体平台，如微博、微信、抖音、快手、小红书，以及科普中国、果壳等各种垂直类 App，且后者已逐渐成为主要的传播渠道。[①]2020年，全国共发行科技类报纸1.58亿份，发行科普图书9853.6万册，发行科普期刊1.31亿份，广播电台、电视台播出的科普类节目时长分别达12.83万、16.46万小时，建设科普网站2732个，科普类微博3282个，科普类微信公众号8632个，极大丰

---

① 席志武，段韦.平台化时代的科学传播：泛化特征、现实困境与应对策略[J]中国编辑，
2023（09）：79-85.

富了公众科普文化需求，特别是通过网络微博、微信等形式传播的作品已达到八成。[①]

新媒体为科学传播带来巨大发展机遇的同时，也引发了科学传播生态的泛化，表现出传播主体多元化与平民化、传播内容碎片化与个性化、传播受众自主化与社群化等特征。知识生产和传播开始呈现去中心化的趋势，引发了准入门槛降低、内容审核不严等问题。2016年，《中国青年报》社会调查中心的一项调查显示，在谣言新闻中，科学谣言问题的表现最为突出。[②]《关于新时代进一步加强科学技术普及工作的意见》中强调，增强科普领域风险防控意识和国家安全观念，强化行业自律规范。建立科技创新领域舆论引导机制，掌握科技解释权。坚决破除封建迷信思想，打击假借科普名义进行的抹黑诋毁和思想侵蚀活动，整治网络传播中以科普名义欺骗群众、扰乱社会、影响稳定的行为。2019年8月，中国科协联合中央网信办、国家卫生健康委、应急管理部、国家市场监管总局等部委上线运行了科学辟谣平台，平台充分发挥科协的组织优势和智力优势，组织科学家开展及时辟谣活动，让谣言止于智者，让科学跑赢谣言，不断增强大众的获得感、幸福感、安全感。[③]该平台不仅进行科学普及，还强化价值引领，通过谣言研究、内容生产等方式，形成了有效的工作机制，并与有关部委和商业平台形成了双向沟通模式。

① 以创新和科普的双重动力推动实现高水平科技自立自强——国新办新时代加强科学技术普及工作有关情况发布会实录 [J]. 国际人才交流，2022（09）：15-21.

② 张思光，向小薇，周建中. 关于实施大科普战略的法治保障研究 [J]. 中国科学院院刊，2023，38（05）：748-754.

③ 以创新和科普的双重动力推动实现高水平科技自立自强——国新办新时代加强科学技术普及工作有关情况发布会实录 [J]. 国际人才交流，2022（09）：15-21.

我们还应看到，基于用户生成内容，商业机构、自媒体和知识博主等参与科学传播，在推进科学传播民主化过程中，传播主体和知识生产机制不断泛化，导致科学传播内容的良莠不齐。与此同时，热点争议事件反映了科技界、传媒界对热点科技议题响应滞后，权威信息缺位导致公众难以分辨真伪，阻碍了科学公信力和科技成果应用，增加了科学传播行政规制的复杂性。因此，亟须进一步完善行政规制手段，提高科学传播行政规制的前瞻性和预见性，强化新兴媒体的责任意识，保障科学传播内容的科学性，加强科普舆论阵地建设和监管，整治网络传播中以科普名义欺骗群众、扰乱社会、影响稳定的行为。

七是科创资源科普化要求规制顶层设计更科学

《"十四五"国家科学技术普及发展规划》中强调持续推进科技创新资源科普化，要求围绕科技强国建设的重大成就、重大政策、重点发展领域开展科普宣传，提升公众对新技术、新产业、新业态的认知水平，引导社会形成理解和支持科技创新的正确导向；强调聚焦前沿技术领域创作优秀科普作品；要求加强顶层设计，压实承担国家科技计划的科研单位、科研人员的科普责任，推动各级各类科技计划（项目、基金）合理设置科普工作任务和考核指标，强化科普内容产出；要求增强适宜开放的重大科技基础设施、科技创新基地、天文台、植物园、标本馆、地震台（站）等科研设施的科普功能，在保证科研工作任务进度的前提下，增加向公众开放的时间，因地制宜开展科普活动。鼓励新建科研设施一体考虑、同步规划科普功能。科创资源的科普化需要广泛调动科研机构、高等院校等各类科学共同体的积极性，强化全社会的科普责任，充分开放科技创新资源，实现科学传播资源的最大化，对科学传播行政规制的顶层设计提出了更高要求。

最近几年特别是党的十八大以来，我国财政投入稳步增长，年均增长8.16%，而且在支出结构上也逐步优化，用于举办大型科普活动，建立核心科普场馆，保障科普体系化建设。全国科普场馆建设加快发展，2020年全国共有科技类博物馆和科技馆1525个，党的十八大以来增长超过50%。各部门、地方结合行业领域和区域特点，还建立了一批特色科普基地。目前科普的经费投入，政府仍占大头，我国全社会的研发经费投入2万多亿元，2020年全社会科普经费有170亿元，二者相差较大，且170亿元的全社会科普经费中政府拨款约138亿元。[①]因此，我国还需要不断完善科学传播规制顶层设计，以鼓励和引导社会资金投入科普事业，促进科普场馆建设、科普基金设立及科普活动开展，进一步推动科普事业发展，提高公众科学素养和认知水平，为科技创新和经济发展提供有力支撑。

4. 评估监督要在持续完善中实现强支撑

一是引导性行政规制更需高质量评估协同

近年来，倡导性和促进性政策在我国科学传播行政法规中的占比逐年提高，这类引导性行政规制更需同步加强评估协同，尤其要加强国家科普能力、科普政策等方面的评估工作。当前，政府主导的科学传播活动，广泛运用了互联网技术，在传播手段、方式及内容上进行了大量创新，但仍存在重组织、轻效果的倾向，缺乏对受众传播效果的评估，

---

① 以创新和科普的双重动力推动实现高水平科技自立自强——国新办新时代加强科学技术普及工作有关情况发布会实录 [J].国际人才交流，2022（09）：15-21.

缺少对国家科普能力的系统监测评估。现有的科普能力监测评估，难以反映新时代科普发展的全貌，且没有建立起覆盖工作实施、政策执行等多元要素，兼顾不同主体、不同活动、不同层次的科普综合监督评价体系。同时，科学传播政策监测评估机制尚未建立，实践方面尚处于初步探索阶段，存在科学传播政策实施效果与政策责任主体之间关联性不强的问题，影响了科学传播行政规制作用的发挥。

二是多元化规制主体更需全方位监督保障

大科普时代，科学传播广泛渗透经济、政治、科技、生态等多个领域，传播主体涉及政府、科技、传媒、文化等诸多领域。"两翼理论"指导下的科学传播行政规制，规制主体日趋多元化，伴随科学传播与科技创新的深度融合，不同规制主体行政规制权的配置和边界也在不断调整和完善，更需多方共同参与构建对行政规制主体监督的有效机制，保障规制权的合理分配和规制行为的规范实施。

第四章

科学传播行政规制的域外考察及经验借鉴

本章选取美国、英国、日本、韩国、澳大利亚、加拿大等国家发布的代表性科学传播政策，从行政规制的目标理念、主体权力配置、政策制定过程、规制手段以及实施效果评价等维度进行系统分析，结合我国科学传播行政规制的实际情况，梳理可供借鉴的经验做法，以期为我国科学传播行政规制提供有益的参考借鉴，推动我国科学传播事业的高质量发展。

（一）域外经验考察

1.行政规制目标理念与时俱进

近年来，世界各国科学传播的关注重点，从单纯推进国民对科学技术的理解，转向寻求科学技术与社会之间的双向交流。不同国家科学传播的政策制定依据和理念在不断演变，促进公众支持参与科技创新、培养储备高质量科技创新人才以及营造浓厚科技创新文化成为各国科学传播行政规制的主要目标。

一是促进公众理解支持科技创新

在科学与社会的角度下，决策者关心的是公众与科学之间的理解与信任，以及公众参与科学的有效模式。各国将参与科学、文化活动与事务的权利作为公民的基本权利。1966年联合国《经济、社会和文化权利国际公约》中提出，凡缔约国人人享有下列文化权利：（1）参加文化生活；（2）享受科学进步及其应用所产生的利益；（3）对其本人的任何科学、文学或艺术作品所产生的精神上和物质上的利益，享受被保护之利。①《维也纳宣言和行动纲领》中规定"人人有权享受科学进步及其实用的利益"。《人类环境宣言》《发展权宣言》《世界自然宪章》《环境与发展宣言》《21世纪议程》等也都为公众参与科学事务列出了国际法依据。②英国政府在科学与社会的议题下，重点围绕"公众理解科学"和"公众参与科学技术"，制定了一系列国家层面的科学传播政策。在过去的30多年里，随着科技的不断发展，英国的科学传播模式也发生了相应的变迁。1985年的《公众理解科学》和2000年的《科学与社会》报告的发布成为英国科学传播价值观转移的标志，英国2007年科学和创新公众对话专家资源中心的成立和2008年国家公众参与协调中心的成立标志着英国科学传播模式，从单向信息给予式的"公众

---

① 莫纪宏.论文化权利的宪法保护［J］.法学论坛，2012，27（01）：20-25.

② 张思光.完善科普法制体系　推进科普法治建设［J］.中国科学院院刊,2018,33（07）：667-672.

理解科学"模式转向强调双向互动式传播的"公众参与"模式和强调协商性共建式传播的"公众对话"模式，反映出英国科学传播已在传统的关注科技教育和提高公众科技认识的基础上，通过公众参与和对话来管理科学与社会关系，弥合科学与公众之间的鸿沟，提高公众对科学的信心，加强科技政策的民主。[①]

二是培养储备高素质的科技人才

科技创新离不开高质量的科技人才，开展科学教育、培养和储备科技人才是国家发展战略的需要。20世纪中叶以后，世界主要国家纷纷将科学传播提升为国家重大战略，以增强国际竞争力。美国、英国、澳大利亚等国要求科研人员普及创新成果，并采取多种措施提升其能力，激励其积极参与。2010年，英国研究与创新署（UKRI）发布《让公众参与研究的协议》，鼓励科研机构为科研人员参与成果普及提供培训和支持，并给科研人员提供传播方面的经费信息。[②]美国自20世纪70年代以来，联邦政府层面的科学传播活动主要以大众科学传播和科学教育两条线进行。美国通过史密森学会（Smithsonian Institution，SI）协调青少年科学、技术、工程和数学（Science，Technology，Engineering，Mathematics，STEM）教育，以加强美国STEM领域后备人才的培养和储备。美国科学促进会（American Association for the Advancement of Science，AAAS）于1985年启动"2061计划"，该计划的核心是培养科学技术方面的中青年人才。进入21世纪，美国政府通过一系列

---

① 杨娟.英国科学传播模式演进研究［J］.科技传播，2018，10（04）：54-56，65.

② 张明伟.科技创新与科学普及协同发展的问题与对策［J］.中国行政管理，2022（12）：144-146.

STEM教育相关法案,如《STEM教育机会法》《STEM教育财政预算案》等,实施科学传播策略。[①]美国布什政府分别于2006年、2007年相继公布了《美国竞争力计划》《美国竞争力行动》,强调美国政府将不断加大在STEM教育方面的投入,旨在持续培养学生的科学素质。[②]

20世纪中叶,日本实施"贸易立国"战略,结合贸易和产业政策,制订人才培养计划。为培养具有创造力的科技人才,日本重视对青少年的科学技术启蒙教育,加强科学传播人才的培养。1947年,日本颁布了针对学校教育的《教育基本法》,明确规定了科学教育的权利和义务,将科学传播纳入学校教育体系中。20世纪80年代,日本开始逐渐转向"科技立国"的发展阶段。20世纪90年代,日本确立并实施了"科技创新立国"的发展战略,将培养具有创造力的科技人才作为工作重点。随后,日本政府相继出台了《科学技术基本法》和《科学技术创新基本法》,将提高青少年对科学技术的理解并改变青少年对科学技术的态度作为科技工作的奋斗目标。为保障科学传播,日本政府还出台了《博物馆法》《图书馆法》等行业法律法规,确保全民特别是青少年的科学素质权利,为提高公民科学素质提供法治保障。

三是在全社会营造浓厚创新文化

推动科技创新不仅需要社会公众的支持、高质量科创人才的参与,更需要整体创新环境的构建及创新氛围的营造。例如,为增强公众对科学的信任和对科学家的尊重,英国上议院科学技术特别委员

---

① 赵玉龙,鞠思婷,郭进京,杨思飞,陈秀娟,欧阳峥峥.发达国家科学传播政策分析以及对我国的启示[J].科普研究,2022,17(03):72-82,104,109.

② 李攀.西方科学传播法治对我国《科普法》修订的借鉴价值探析[J].科普研究,2022,17(02):92-94.

会发表的《科学与社会》报告中提出"公众参与科学技术"（Public Engagement with Science and Technology，PEST）的新战略，将科学家与公众的交流方式转为双向沟通交流模式，营造公民进一步参与科学技术发展和应用决策的文化氛围。加拿大将开展科学传播、提升科学素质、培育科学文化作为国家发展战略的一部分，不同的政府部门同科学共同体、教育界、产业界、学协会等社会各界开展协作，共同培育科学文化。[①]日本发挥科普法规政策引导作用，使科学传播成为连接日本民众与科学技术的重要方式。

2. 行政规制主体权力配置科学

世界各国科学传播规制的主体构成相对多元，包括政府部门、科研机构、教育机构、媒体、企业等。在实施行政规制过程中，政府部门通常起主导作用，负责制定政策、监督执行和评估效果，其他相关主体则发挥协同推进作用，各自承担相应的职责和任务。不同规制主体的职权划分相对明晰，以确保科学传播行政规制的有效实施。这种多元化的主体构成有助于形成合力，共同推动科学传播事业的发展。

一是美日韩在政府机构主导下发挥产业、学术及社会组织作用

美国、日本和韩国在政府主导的前提下，积极发挥产业界、学术界和社会组织等民间团体的力量，共同推动科学传播事业的发展。这些民间团体在科学传播中扮演着重要的角色，凭借各自的专业知识和资

---

① 赵玉龙，鞠思婷，郭进京，杨思飞，陈秀娟，欧阳峥峥.发达国家科学传播政策分析以及对我国的启示［J］.科普研究，2022，17（03）：72-82，104，109.

源，为科学传播提供有力支持和补充。政府与民间团体紧密合作，形成科学传播合力，进一步推动了科学技术的普及和应用。美国的科学传播主体主要包括官方组织、社区组织、企业、非政府组织、学会、自然资源和环境保护组织、非营利基金会等；日本的科学传播主体主要包括政府、科技传播财团、民间组织、大学与科研机构、企业等；韩国的科学传播主体主要包括政府部门、公共机构、民间团体非政府组织、教育机构等。

在科学传播行政规制方面，以美国为例，美国负责制定科学传播政策的机构有国会和由总统领导下的行政部门，如总统执行办公室、美国科学和技术政策办公室（Office of Science and Technology Policy，OSTP）和美国国家科学与技术委员会（National Science and Technology Council，NSTC）等[1]，以及美国科学促进会等民间机构。为展示美国科学传播规制不同主体的权责，这里选取代表性机构作简要介绍。

美国科学和技术政策办公室负责向总统提出关于科学技术对国内和国际的事务影响的建议。该办公室为总统提供科技分析和判断联邦政府的重大政策、规划和计划的来源。[2]美国科学和技术政策办公室由多个小组构成，其中科学与社会组致力于确保所有美国人参与科技研究并从中受益，其作用是在科学、技术和创新的交叉领域制定基于证据的政策，反映个人和社区观点，指导重点工作，保护联邦政府的科学道德，扩大STEM领域的参与，加强美国的研究基础设施及其安全性。美国科学和技术政策办公室与总统和其他联邦政府机构合作制定和实

---

① 杨娟.中英美澳科学传播政策内容及其实施的国际比较研究［D］.西南大学，2014.

② 杨娟.中英美澳科学传播政策内容及其实施的国际比较研究［D］.西南大学，2014.

施科技政策，并与美国国家科学基金会（National Science Foundation，NSF）合作开展"聚焦未来"计划，旨在培养下一代科学家和工程师，推动STEM教育的发展。2023年，美国科学和技术政策办公室宣布了推进开放和公平研究的新行动，行动内容包括：新的资助基金、改善研究基础设施、扩大新兴学者的研究参与度、增加公众参与机会，随后美国10个国家机构都各自提出了实施计划。[①]可见，美国科学和技术政策办公室与总统和其他联邦政府机构之间的合作非常广泛和密切，为美国科技政策制定和实施提供了重要的支持和指导，同时也推动了美国科技创新和发展的进程。

美国国家科学和技术委员会是1993年11月23日由行政命令成立的，该内阁级委员会是协调各实体机构的科学和技术政策的行政部门，实体机构从事联邦的研究和发展事业。由总统主持，美国国家科学和技术委员会的成员包括副主席、科学和技术政策主席、内阁秘书以及具有重大的科学和技术责任的机构领导和其他白宫官员。美国国家科学和技术委员会分为五个主要委员会：科学技术工程数学教育委员会（CoSTEM）、科学委员会、技术委员会、环境自然资源和可持续发展委员会和国土与国家安全委员会。各委员会负责监督专注于科学和技术的不同领域。[②]

美国国家科学基金会是推进科学传播最主要的机构之一，以提供科技劳动力培育、学校科技教育和公众理解方面的项目资助为主，项目资助主要用于科学纪录片和电视科学节目的制作、科技馆项目、儿

---

① 杨卫，刘细文，黄金霞，肖曼，郑新曼，常若菲.我国开放科学政策体系构建研究［J］.中国科学院院刊，2023，38（06）：829-844.

② 杨娟.中英美澳科学传播政策内容及其实施的国际比较研究［D］.西南大学，2014.

童和社区科学传播活动等。①美国国家航空航天局（NASA）致力于推进科学与数学教育，将科普活动作为其下属机构和任务的主要目标之一。美国国家航空航天局的 STEM 参与办公室（Office of STEM Engagement）是针对公众开展科技普及教育的主要部门，每年投入大量资金支持博物馆、科学中心和天文馆开展科普活动，支持国家航空航天局下属每个中心聘用非正式教育专家。美国国家海洋大气局（NOAA），为从事科学教育的合作伙伴提供专业人员指导、实验室、野外考察站、环境卫星、气象雷达、世界级数据中心等多项支持；美国国立卫生研究院（NIH），设立沟通和公共联系办公室（Office of Communications & Public Liaison），负责教育和对外联系工作；美国能源部（DOE）的国家实验室和科学设施通过开展 STEM 课堂教学、提供教学材料和科学设施参观等方式，每年吸引超过 25 万名K-12 学生参与。②

美国的民间机构也是主要参与力量，其中规模最大且最具影响力的是美国科学促进会，下设有专门负责科学传播的公众理解科学技术委员会，通过出版物特别是《科学》（Science）杂志、培训班等推动不同领域的科学教育。③美国科学促进会于1985年推出的"2061 计划"，提出到 2061 年哈雷彗星再次回归时美国公民人人具有合格科学素质的目标④，成为其他国家竞相仿效的典范。美国国家科学院、工程

① 赵玉龙，鞠思婷，郭进京，杨思飞，陈秀娟，欧阳峥峥.发达国家科学传播政策分析以及对我国的启示［J］.科普研究，2022，17（03）：72-82，104，109.

② 刘克佳.美国的科普体系及对我国的启示［J］.全球科技经济瞭望，2019,34（08）:5-11.

③ 赵玉龙，鞠思婷，郭进京，杨思飞，陈秀娟，欧阳峥峥.发达国家科学传播政策分析以及对我国的启示［J］.科普研究，2022，17（03）：72-82，104，109.

④ 刘克佳.美国的科普体系及对我国的启示［J］.全球科技经济瞭望，2019,34（08）:5-11.

院和医学院（NASEM）成立于1863年，是一个由杰出学者组成的私人非营利机构，负责为政府决策提供独立客观的分析和建议。美国国家科学院、工程院和医学院下属的科学教育委员会（Board on Science Education）专门负责青少年和社会公众的科学教育和普及，推出了一系列项目和研究报告，探讨在博物馆、媒体等课堂外的非正式教学环境中不同年龄段人群的科学学习问题。[①]美国史密森学会成立于1846年，是全球最大的博物馆联盟，同时也是美国唯一由政府资助、半官方性质的博物馆机构，旗下的所有博物馆除了圣诞节之外，全年都向公众免费开放。

二是英澳注重政府及相关学术研究机构协同发力

英国和澳大利亚开展科学传播注重发挥政府及相关学术研究机构作用。英国主要包括上议院科学技术特别委员会和八大理事会，其中，英国研究理事会（UK Research Councils，RCUK）是在英国成立了医学研究理事会、经济与社会研究理事会、工程和物理科学研究理事会、生物技术和生物科学研究理事会、艺术与人文研究理事会、自然环境研究理事会和科技设施理事会七个研究理事会之后，为了应对激烈的科技竞争，消除涉及多学科和跨理事会相关研究的壁垒这一背景下成立的。通常七个理事会各自独立管理并分别向议会负责，是独立法人，因此英国研究理事会在英国开展重大科研活动时起到了不可替代的枢纽作用。[②]澳大利亚主要包括政府部门、联合机构、独立顾问、学术机构

---

① 刘克佳.美国的科普体系及对我国的启示［J］.全球科技经济瞭望,2019,34（08）:5-11.

② 刘慧晖，任宪同，刘肖肖，杨国梁.基础研究优先领域遴选实践初探［J］.中国科学基金，2019，33（05）：429-433.

和科学网络等。

以英国为例，除上述英国政府和理事会等主要机构之外，影响英国科学传播决策的还有各类科研机构、协会、慈善机构等社会组织。英国皇家学会始建于1660年，是世界上最古老而又从未中断过的唯科学学会，在世界上享有声誉。英国皇家学会始终致力于科学发现与探索的最前沿，其会员包括世界上最伟大的科学家，先后涌现出法拉第、牛顿、达尔文、卢瑟福、霍金等著名的科学家，其中牛顿曾担任该学会主席20多年。目前有来自30个国家的1400名国内外会员，其中有69位获得诺贝尔奖。目前英国皇家学会的事务由理事会负责处理，理事会通过年会选举产生，由21名成员组成的理事会对学会的某些使命负有法律责任。英国皇家学会的宗旨：发掘科学精英，支持重要的科学研究及其应用，促进国际交流，推进强化科学、工程及技术在社会生活中的作用，促进教育及普及公众的科学知识，在科学、工程及技术领域提供独立且权威性的建议，鼓励科学发展史的研究，出版书刊传播科学研究成果。①英国是最早提出"公众理解科学"的国家。当代英国的公众理解科学运动的诞生则归因于英国皇家学会1985年出版的《公众理解科学》报告，该报告由英国皇家学会会员、著名遗传学家博德默博士领导的特别小组负责起草，因此又称《博德默报告》，它建立了公众理解科学的基本理论，是科普史、科学传播史中一份里程碑式的重要文献，对各国的科学传播理论和实践至今仍具有重要参考意义。英国的相关科研机构还有英国社会科学院（The British Academy）、英国皇家工程院（The Royal Academy of Engineering）

---

① 陈江洪，厉衍飞.英国皇家学会的科学文化传播［J］.科普研究，2010，5（01）：61-65.

等。英国社会科学院通过其奖学金计划，为处于早期和中期职业生涯的人提供独特的就业机会。向公众传播人文和社会科学研究成果，建立国际合作；为英国研究人员提供到海外研究的机会，并吸纳优秀外国人才到英国研究，促进跨越文化与国界的对话和理解。英国皇家工程院通过与政府、工业界和其他伙伴的组织合作，培养世界领先的、拥有先进技术的企业，建立能提供各种技能的教育体系，通过一系列教育和公众参与活动，向社会，特别是年轻人，传播工程技术的价值。除此之外，英国还有科学媒体中心、英国互动团队、英国科学作家协会、威康信托基金会等。科学媒体中心是一个独立的企业，它以科学为头条新闻，促进科学界的声音、故事和意见传递给全国新闻媒体。英国互动团队是一个传播技能的共享网络组织，其会定期开展与科学传播和非正式科学教育问题相关的活动和培训课程。威康信托基金会是一个为改善人类和动物健康科研提供资金支持的独立慈善机构。英国科学作家协会是由科学作家、记者、广播员和以科学为基础的传播专业人士组成的，帮助人们撰写科学和技术类文章的组织，其目的是提高英国科学新闻质量标准。①

三是规制主体权力配置划分较为清晰明确

世界各国的科学传播政策制定和实施主体十分多元化，大致可分为：（1）国家、地区或市一级的直接政府主体；（2）大学、研究委员会等非政府主体；（3）半营利性私人机构；（4）非营利性组织；（5）学

---

① 杨娟.中英美澳科学传播政策内容及其实施的国际比较研究 [D].西南大学，2014.

会、协会等。^①不同国家在政策制定和实施过程中，各类主体的参与程度和作用发挥略有差异，这里列举部分国家科学传播行政规制主体的权力配置情况。

在科学传播行政规制上，美国由政府机构起主导作用，民间团体是重要的参与力量；英国由政府起带头作用，八大理事会以实际行动参与"公众理解科学"计划，并对英国科学促进会（British Association for the Advancement of Science，BAAS）和英国皇家学会组织的活动，尤其是全国科学周提供资助；日本由政府主导，产业界、学术界和社会共同承担；韩国由政府相关部门主导，其他主体协同推进；澳大利亚具有多元化的科学传播机构，政府制定全国性的策略和举措，各主体协调推动；加拿大的联邦体制赋予联邦政府、省政府和地方政府在责任和权力上的差异，科学传播多依赖联邦政府和省级部门发挥作用^②。

同时，发达国家在机制设计方面注重科技创新和科学传播主体之间的协同。这意味着，在科技创新和科学普及的过程中，发达国家注重各主体之间的合作与协调，以实现资源的优化配置和效益的最大化。这种协同作用可以促进科技创新的快速发展，提高科学传播的广度和深度，为国家的科技进步和社会发展提供有力支持。如：英国科技主管部门2008年发布《科学和社会的愿景》时强调，要增进政策制定者、科学家、大众媒体、公众等相互之间的了解和合作。美国注重成立

---

① 赵玉龙，鞠思婷，郭进京，杨思飞，陈秀娟，欧阳峥峥.发达国家科学传播政策分析以及对我国的启示［J］.科普研究，2022，17（03）：72-82，104，109.

② 赵玉龙，鞠思婷，郭进京，杨思飞，陈秀娟，欧阳峥峥.发达国家科学传播政策分析以及对我国的启示［J］.科普研究，2022，17（03）：72-82，104，109.

牵头机构和协调委员会，参加各类委员会的机构包括美国国家科学基金会、教育部、史密森学会等，通过加强协调，可以有效简化合作流程，减少部门和机构之间的合作障碍，推动合作协议的达成和落实。澳大利亚强调政府领导和参与各方的协调行动，在有些项目如"激励澳大利亚"中，政府、科研机构、高校、媒体、企业等得到了有效协同。①

以美国 STEM 战略统筹实施机制为例，美国国家科学与技术委员会在向国会提交的《联邦政府关于科学、技术、工程和数学教育战略规划（2013—2018）》中提出建立 STEM 促进工作小组，以促进 STEM 教育分工协作。一方面，规划中明确指出相关工作的权责单位，如在"保证和增加青少年及公众对 STEM 教育的参与"部分，指出"联邦政府在该领域由史密森学会担任牵头和领导角色，同时联合 STEM 教育委员会其他成员单位协调推进"。另一方面，明确 CoSTEM 是工作小组而不是领导小组。STEM 教育规划中所指出的权责单位或部门全都是平等参与，可能在某个领域的工作中牵头，而在其他工作中协助，但所有的工作全部由联邦政府在规划中明确界定。在经费的拨付方面，根据部门分配到的工作任务，分配相应的工作经费。在方向明确、任务明晰、经费充足的情况下，各部门之间只需要按照分工执行，并将工作做出特色即可。一些全国性的活动，如科学节，也只需要配合开展活动即可，有效避免了分歧与协调问题。②

---

① 张明伟.科技创新与科学普及协同发展的问题与对策［J］.中国行政管理,2022（12）：144-146.

② 赵玉龙,鞠思婷,郭进京,杨思飞,陈秀娟,欧阳峥峥.发达国家科学传播政策分析以及对我国的启示［J］.科普研究,2022,17（03）：72-82,104,109.

3.政策法规制定鼓励多方参与

西方国家制定科学传播相关政策法规，通常鼓励多个部门分工协作共同参与，并强调要发挥专业决策咨询机构的作用，同时注重广泛吸收社会及公众的意见建议，以确保政策的制定实施能够更好地回应社会的需求和期望。

一是多部门分工协作科学化制定政策

西方国家在制定科学传播政策时，依靠多个部门分工协作，共同推动政策制定。以美国为例，整个科学传播政策的决策过程由国会（主要负责投资经费审批）和总统行政部门（负责科学传播政策的提出、协调和论证）共同决策。首先由联邦行政机构提出科学传播的相关计划，然后提交报告给国会讨论；国会相关委员会组织召开一系列公共听证会听取公众意见并进行审议（可批准、修订甚至否决计划）；审议通过后提交参议院和众议院进行公开辩论；两院通过并经总统签署后，形成总统年度预算案，计划正式生效。该程序同时兼顾了政策的利益相关者和普通公众的科学决策权，给双方都提供了发表意见的平台。美国的政策制定过程基本代表了其他西方国家的普遍性特征。[①]

二是充分借助科技政策决策咨询作用

美国高度重视联邦科技政策决策咨询，设立多个专业机构，依托其专业和技术优势，制定了高效、科学的科技政策，对美国重大科技决策、科技创新的发展和应用发挥了重要作用。其中，美国科学和技

---

① 赵玉龙，鞠思婷，郭进京，杨思飞，陈秀娟，欧阳峥峥.发达国家科学传播政策分析以及对我国的启示［J］.科普研究，2022，17（03）：72-82，104，109.

术政策办公室、美国国家科学技术委员会以及美国总统科技顾问委员会（the President's Council of Advisors on Science and Technology, PCAST）是美国政府科技咨询的重要机构，这些机构的设立和运作为美国科技发展和国家战略提供了有力支持和保障。例如，美国总统科技顾问委员会创建于1990年，由各个学科领域的顶尖科学家、政策学者和企业界、非政府组织人士组成，成员全部由总统任命，均是具有国家科技发展大局思维的科学家、工程师等。根据美国的国家科技创新战略需求，美国总统科技顾问委员会为白宫提供关于科技战略和科技政策等方面的咨询建议。2010—2012年向总统提交关于利用科学技术加强STEM人才培养的报告，成为美国STEM教育基础研究计划的一部分，提高了美国的科技创新人才竞争力。[①]《为了美国的未来：准备和激励STEM科学教育执行报告》《参与卓越：培养另外100万名获得科学技术工程和数学专业学位的大学毕业生》等政策的制定，美国总统科技顾问委员会都参与其中。其他重要的咨询机构，如美国国家科学院（National Academy of Sciences, NAS）、美国科学促进会、美国化学学会（American Chemical Society, ACS）、美国物理学会（American Physical Society, APS）以及各类工程学会等，都会参与科学传播政策制定的讨论。[②]

三是政策制定注重公众双向沟通交流

科学传播相关政策的制定过程中，政策制定者与公众之间进行充

①　王运红.充分发挥战略科学家的引领作用［J］.中国人才，2021（12）：16-18.

②　赵玉龙，鞠思婷，郭进京，杨思飞，陈秀娟，欧阳峥峥.发达国家科学传播政策分析以及对我国的启示［J］.科普研究，2022，17（03）：72-82，104，109.

分沟通和交流，以确保政策能够更好地反映公众的需求和期望。这种双向沟通交流有助于提高政策的科学性和民主性，促进公众对政策的认同和支持，也有助于增强公众对科学传播的参与感和获得感，推动科学传播的发展。以英国为例，《公众理解科学》报告于1985年发布之后，英国政府首次将科学推广政策列入政府计划，并据此采取了"自上而下"的科学传播模式。2000年英国提出"公众参与科学技术"新战略，由"自上而下"模式转变为双向沟通交流模式，公民进一步参与到关于科学技术发展和应用的决策过程中。[①]在美国国家科技决策咨询体系中，美国总统科技顾问委员会以每两个月至少举行一次委员会全体会议的形式，开展关于重大科技问题的讨论，社会大众可以通过网络视频的方式申请旁听。

4. 行政规制手段灵活内容丰富

从国外科学传播的发展来看，科学传播主体充分借助博物馆、图书馆、科技馆、学校、社区等多种传播基础设施和平台，开展科普讲座、科学展览、科学实验、科学游戏等各类传播活动。这些传播基础设施和平台为公众提供了接触科学知识的渠道，也丰富了科学传播的主体构成和方式组合。国外科学传播的行政规制对象非常广泛，包括政府机构、科研机构、教育机构、媒体、企业等；行政规制手段也非常丰富，包括政策引导、资金支持、项目推广、公众参与、人才培养等，这些手段为科学传播提供了有力支持和保障。

---

① 赵玉龙，鞠思婷，郭进京，杨思飞，陈秀娟，欧阳峥峥.发达国家科学传播政策分析以及对我国的启示［J］.科普研究，2022，17（03）：72-82，104，109.

一是突出科学传播基础设施建设

发达国家的政府与机构非常重视科学传播的基础设施建设，出台相关政策法规鼓励和推动高等院校、科研机构和企业等开放科研仪器、课题成果等科普资源。大力支持专门从事科学传播的场馆的建设，美国国家基金会每年给史密森学会提供大量经费用于运行其旗下的博物馆和科技馆、资助建设微观科学与工程研究中心和国家纳米技术基础设施网络等，很多高校也建有博物馆并向公众开放。[①]如美国史密森学会举办了各种不同主题的展览和全美巡展。国家航空航天博物馆为青少年生动直观地展示飞机起飞的空气动力学原理。国家邮政博物馆的福特教育中心可以供儿童通过互动游戏学习如何分拣邮件，创建自己的电子集邮册。美国史密森学会还为某些领域的发烧友设立各种会员组织，提供专业讲座和资料，如《史密森杂志》、史密森频道等。该学会还与其他本地文化机构建立了长期的合作伙伴关系，将学会的艺术作品和项目在社区展出。此外，该学会还借助好莱坞电影《博物馆惊魂夜 2：决战史密森》，以天马行空的想象展现博物馆的独特魅力。[②]

另外，西方国家非常鼓励科研机构发挥其科研仪器优势进行科学传播。借助先进的科研仪器和设备，科研机构可以提供更直观、更生动的科学展示和实验体验，从而吸引更多公众参与科学传播活动。因此，很多著名科学实验室也积极参与到科学传播中，通过举办科普讲座、科学展览、科学实验等活动，向公众普及科学知识，提高公众的科学素养。

[①]　赵玉龙，鞠思婷，郭进京，杨思飞，陈秀娟，欧阳峥峥.发达国家科学传播政策分析以及对我国的启示［J］.科普研究，2022，17（03）：72-82，104，109.

[②]　刘克佳.美国的科普体系及对我国的启示［J］.全球科技经济瞭望，2019，34（08）：5-11.

这些科学实验室的参与，不仅丰富了科学传播的内容和形式，也为科学传播提供了更广阔的发展空间。例如，英国著名物理实验室——剑桥大学卡文迪许实验室、美国麻省理工学院林肯实验室在进行科学研究的同时，也一直嵌入式地进行科学传播，确保将科学发现准确、及时、公开、透明地向社会传播，让公众理解物理学实验与人类社会之间的联系，理解基础科学的价值。①

二是畅通科学家与公众对话渠道

为拉近科学与公众之间的距离，西方国家在科学传播形式上进行了积极创新，通过建立科学家与公众对话的互动机制，促进科学知识在科学家和公众之间的自由交流。这种机制为科学家提供了向公众展示其研究成果的平台，同时也为公众提供了解科学知识和科学进展的窗口。美国科学促进会为鼓励科学家重视公众参与，专门设立了"公众参与科学奖"（Award for Public Engagement with Science）和"事业起步公众参与科学奖"（Early Career Award for Public Engagement with Science）等。②另外，英国皇家学会的很多做法也值得推荐。英国皇家学会非常注重树立"平民科学家"形象，在多数科学传播活动中都会设置"科学咖啡馆"版块，供科学家就大众关心的科技问题进行讲解。英国皇家学会设计"皇家学会对话"活动，每年通过举办地区性和全国性论坛，讨论有关科学或技术发展带来的社会问题，让科学家与公众面对面地分享和交换意见，为科学政策和决策制定建言献策。又如

---

① 赵玉龙，鞠思婷，郭进京，杨思飞，陈秀娟，欧阳峥峥.发达国家科学传播政策分析以及对我国的启示［J］.科普研究，2022，17（03）：72-82，104，109.

② 党伟龙，刘萱.英美科学传播奖项述评［J］.科普研究，2012，7（04）：67-76.

美国国家科学基金会强制性要求课题研究成果用于公众教育，激励科学家参与到面向大众的科学传播中。[①]

除了传统的科学家与公众对话的方式，西方发达国家还开发了一些新型科学传播形式。科学商店是一种以公众需求为导向的、沟通科学家与公众双向交流互动的机制，具体方式为：科学商店号召公众提出需要解决的问题，接着将这些问题转化为课题，在大学和研究机构寻找合适的大学生或科技人员完成它们，然后科学商店将这些研究成果以通俗易懂的方式传播给公众；共识会议是一种公众与科学家就某些有争议的科技问题进行对话交流而形成共识的新型科普形式。[②]另外，美国、英国、澳大利亚等国的科学家组织、科研机构、高校等通过开设培训班、编写科学家科普实用手册等多种举措，帮助科学家增强传播能力。[③]

三是鼓励企业成为科学传播主体

企业作为创新主体，在西方已经成为科学传播的主要力量。美国等西方国家非常注重通过行政规制与市场机制相结合的方式引导企业开展科学传播。美国企业热心参与科学传播活动，以扩大影响力和塑造良好社会形象。企业在美国科学传播中占据重要地位，参与形式多样，包括赞助、直接参与或举办活动、提供科普资源制作、展览策划和展品研发等。例如，美国电话电报公司（AT&T）和默克制药公司在总部建有小型博物馆，频频举办科学传播活动。著名的美国西屋设计公

① 赵玉龙，鞠思婷，郭进京，杨思飞，陈秀娟，欧阳峥峥.发达国家科学传播政策分析以及对我国的启示［J］.科普研究，2022，17（03）：72-82，104，109.

② 刘立.发达国家如何做科普［J］.发明与创新（大科技），2014（10）：30-31.

③ 刘立.发达国家的启示：他们怎么做科普［N］.中国科学报，2014-08-11（6）.

司（West Office）专门为科技中心、博物馆、文化设施等提供专业的策划设计，曾为香港科学馆提供展区总体规划，设计200多项展品以及堪称世界之最的高达 22 米的能量穿梭机；曾为广东科学中心设计了高度互动的展品和沉浸式环境。[①]此外，还有费城科学节的"科学嘉年华狂欢"活动、圣地亚哥科学节的"一日世博会"活动等。这些活动的特点就在于规模大，可容纳上万人，主要由超过上百家的参展商组成，参展商各自展示出本企业或者本机构的科学成果。[②]

四是开展特色公众科学传播活动

组织大型公众科学传播活动是西方国家广泛采用并固定为制度的一种科学传播手段，成为科学传播行政规制的重要主题。每个国家都有自己的科学节活动，美国自1989年美国科学促进会推出"公众科学节"后，科学节一直受到广泛欢迎，如今美国已有几十个大大小小的科学节，近年来还兴起了与创客活动相结合的创客节、创客周等新形式。部分著名科学节有：美国科学与工程节（USA Science and Engineering Festival）、白宫科学节（White House Science Fair）、剑桥科学节（Cambridge Science Festival）、国家创客节（National Maker Faire）、国家创客周（National Week of Making）等。2009年部分科学节组成科学节联盟（Science Festival Alliance），以增加成员之间的交流和共享，加强国际交流合作。目前，美国科学节联盟已有

---

① 赵玉龙，鞠思婷，郭进京，杨思飞，陈秀娟，欧阳峥峥.发达国家科学传播政策分析以及对我国的启示［J］.科普研究，2022，17（03）：72-82，104，109.

② 罗丽娜，姜萍.美国科学节举办的经验及对中国的启示［J］.科普研究，2018，13（02）：62-69，107-108.

成员48个。[①]其他国家具有代表性的公众科学传播活动也很丰富，如英国有英国科学节，英国科学、工程与技术周，爱丁堡国际科技节以及英国剑桥科学节；日本每年会举办科技周、青少年科学节、儿童读书日、机器人节等。[②]

国外科学传播活动的举办主体呈现出多样化的特点。在这些主体中，非营利性组织占据主导地位。欧洲科学传播活动白皮书曾提到，"科学传播活动的组织和管理者十分多元化，有政府组织，也有非政府组织，还有地方政府和大学"。以科技节为例，有研究表明，在欧洲的科技节组织者中，非营利性组织发挥着主导作用，占组织者的52.9%；研究机构、大学、科技馆等也发挥着重要作用，占组织者的22.7%；当地政府部门的参与比例并不高，占17.1%；各类研究协会占7.3%。在北美的科技节组织者中，研究机构或大学和博物馆是主要的组织者，前者占44.4%，后者占38.9%；非营利性组织占11.1%；当地政府部门的参与程度较低，只占5.6%。然而，情况在亚太地区就显得十分不同，由于文化因素，科技节的组织者一般为当地政府部门或政府部门支持的公立博物馆、大学等，占71.4%，其他性质的组织者占28.6%。[③]

五是动员各方力量参与科学传播

西方国家在推动科学传播的过程中，非常注重行政规制和社会自治发挥协同效用。通过制定相关政策法规，为社会组织和志愿者参与

---

① 刘克佳.美国的科普体系及对我国的启示［J］.全球科技经济瞭望,2019,34（08）:5-11.

② 刘克佳.美国的科普体系及对我国的启示［J］.全球科技经济瞭望,2019,34（08）:5-11.

③ 任鹏.中外科普活动比较研究［J］.今日科苑, 2020（05）: 39-45.

科学传播提供有力支持和保障，同时积极引导社会组织和志愿者发挥自身优势，参与到科学传播各个领域当中。在美国，志愿者是科学传播工作的重要组成部分。为了鼓励更多的人参与到科学传播中，美国建立了一套完善的志愿者机制，包括准入、退出和日常管理规范。这些规范确保了志愿者的服务质量，也为志愿者提供了更好的发展机会。在志愿者队伍的组建方面，美国充分利用了社区、学校和企业的优势。这些机构和组织通过提供培训和教育机会，帮助志愿者提升自身的科学素养和传播能力。同时，他们也根据服务内容组建了多元化的志愿者队伍，以满足不同领域和不同受众的需求。除了在科普场馆中参与导览、讲解、教育活动和专业技术操作外，志愿者还在大学、智库和政府举办的各类学术会议和培训中发挥着作用。这些活动为志愿者提供了更广阔的舞台，让他们能够更好地发挥自己的专长和才能。

这里以号召科学家参与科学传播为例。美国政府在政策层面提供保障，如：美国国家科学基金会和美国国家航空航天局在科技计划项目申报指南中提出科普相关要求。同时，科学家们也创作了很多脍炙人口、通俗易懂的科普经典，如《昆虫记》《宇宙波澜》《寂静的春天》等。科技社团、科研机构也建立了培训机制，提高科学家的科普技能，如美国太平洋科学中心（Pacific Science Center）2007年开展的"向公众开放的科学传播计划"、美国国家科学院举办的关于科学传播的研讨会等。①

---

① 刘克佳.美国的科普体系及对我国的启示［J］.全球科技经济瞭望,2019,34（08）:5-11.

六是引导社会公众参与科技创新

目前，全球已经涌现出上千个公众科学活动计划，公众科学服务已经成为一个全新的、富有潜力的研究领域，引起了广泛关注和探索。这些活动不仅丰富了公众的科学知识，还提高了公众的科学素养和认知水平，为社会的进步和发展做出了积极贡献。

公众科学这一新词，最早由美国康奈尔大学鸟类学实验室的研究人员于1996年创造，用于发动公众参与鸟类研究和相关研究资料的收集。欧洲公众科学协会（European Citizen Science Association）通过法律和绿皮书支持公众参与科研，如欧盟第七框架计划。2007年，由牛津大学等多个研究机构联合推出的"星系动物园"（Galaxy Zoo）计划，以及受到美国《国家地理》杂志支持的"诺亚计划"（Project Noah），都是公众科学服务项目的成功案例。美国政府还成立了一个官方的公众科学网站（www.citizenscience.gov），提供公众科学项目目录、公众科学项目工具包以及一些公众科学门户网站，以推动美国公众科学和科研众包的发展。[1]

七是畅通经费资金多方来源渠道

西方国家在科学传播行政规制方面，积极引导在政府资助和社会捐助两类途径之外，多元化、多层次、多渠道地筹集科学传播资金。为确保科学传播的稳定发展，各国立法机构通过相关法案明确规定了政府在公共科技科普服务方面的支持力度，强调政府的财政责任，为科学传播提供了有力的资金保障。

---

[1] 李黎，孙文彬，汤书昆.当代中国科学传播发展阶段的历史演进［J］.科普研究，2021，16（03）：37-46.

　　美国各级政府对公共文化服务的经费拨付主要通过法律、法规以及政策杠杆来保障。1964年、1965年，美国国会先后颁布了《国家艺术和文化发展法》《国家艺术与人文基金会法案》，这两个法案中明确规定联邦政府每年必须拿出固定比例的资金投入公共文化服务领域，而且对政府拨款资金的用途作了严格的限定，不能仅用于公共文化服务机构的运营，还应将其用于公共文化服务产品的开发与提供。法国是公共文化服务财政投入比例最高的国家，法国政府从法规的角度，规定政府对公共文化服务的投资额占国家或地方财政预算的比例不得低于1%。①

　　美国的科学传播资金来源非常多元化，来自联邦政府和州政府的科学传播投入资金占比很低，绝大部分的科学传播资金来自社会捐赠，包括个人、基金会、私营企业主等。美国政府资助普遍采用"项目牵动，费用分担"的方式，对所支持的项目只提供部分经费，一般为总费用的1/2或1/3，剩余经费由项目执行机构自行筹措，如美国国家科学基金会申明只为科学传播资助项目提供有限经费，剩余部分需要项目执行机构通过其他途径获取。②这种资助方式不仅激励了项目执行机构积极寻找其他经费来源，以确保项目顺利进行，也促进了社会各界对科学传播的关注和支持。英国科学传播的资金主要来自政府投资和社会捐赠，此外，英国各行业、各领域的理事会和基金会通过参与"公众理解科学"计划，为科普工作提供资金保障。日本科普资金来源同样多

---

① 廖青虎，孙钰.国外公共文化服务保障的立法经验与启示［J］.经济社会体制比较，2017（04）：118-126.

② 李健民，刘小玲，张仁开.国外科普场馆的运行机制对中国的启示和借鉴意义［J］.科普研究，2009，4（03）：23-29.

元化，除政府投入外，个人、学会、企业在科学传播领域的投入占相当大的比重，政府通过税收引导的方式，鼓励企业和民间资本投入科学传播中。[①]

八是出台专项优惠减免税收政策

各国在强调公益事业立法的同时，也注重与营利性产业法规相配套，以保障公益性科技、文化事业的发展。例如，德国的《非营利性与捐赠法》《基金会税收法案》等设有关于公共科技、文化服务保障的专门条款；法国通过《博物馆经费法案》保障科技类博物馆的经费支持。此外，各国通过立法确认科普领域经营性产业地位，并立足于产业的市场运作机制，同时通过立法强化知识产权保护，维护经营者的权益，创造良好市场环境，推动产业发展。[②]

各国还通过立法广泛培育、扶持多元主体参与公众科学服务供给。美国《联邦国内税收法》中明确规定，对参与公共科技、文化服务供给的社会力量免征所得税。[③]法国政府非常重视社会力量在公共文化服务供给中的作用，并制定了专门的法规，鼓励社会力量进入公共文化服务领域，《企业参与文化赞助税收法》《文化赞助税制》以及《共同赞助法》等明晰了社会力量参与法国公共文化服务的途径以及相应的税收优惠政策。德国在一些税收相关法律中，通过税收减免，吸纳社会

---

① 李攀.西方科学传播法治对我国《科普法》修订的借鉴价值探析［J］.科普研究，2022，17（02）：92-94.

② 张思光.完善科普法制体系 推进科普法治建设［J］.中国科学院院刊，2018，33（07）：667-672.

③ 张思光.完善科普法制体系 推进科普法治建设［J］.中国科学院院刊，2018，33（07）：667-672.

力量的加入，如《基金会税收法案》《艺术家社会保险法案》以及《非营利活动与捐赠法》等法案中规定参与公益性文化活动的非营利组织、个人是免征增值税的。[①]

部分国家通过法律规定，为参与资助公益事业的企业和个人提供免税待遇，这一举措极大地调动了企业和个人的热情，推动了科学传播活动的开展。同时，个人捐助科技馆、博物馆等基础设施的情况也非常常见。例如，美国国家科学基金会为了办好国家科技周，与拜耳公司、IBM公司、福特汽车公司等大型企业建立了长期合作伙伴关系，获得了大量的科普活动资金支持。[②]美国国家科学院院士丹尼尔·考斯兰（Daniel Koshland）于1998年曾捐资2500万美元用于科学中心的建设。西方国家有大量的公益性基金会为科学传播项目提供资金资助。例如，美国读者文摘基金会、帕卡德家庭基金会、休利特基金会都曾为科学传播活动和基础设施建设提供过赞助。[③]

九是善用媒体扩大科学传播范围

近年来，网络的发展同样对国外科学传播产生了深远影响。网络技术的广泛应用为科学传播提供了前所未有的新机遇，同时也带来了诸多挑战。为应对这些挑战，各国纷纷采取行政规制手段，引导各类传播主体采用"互联网+科学传播"模式。如美国国家基金会、美国国家航空航天局、美国农业部等政府部门，都是网络科学传播的重要阵地。

---

① 廖青虎，孙钰.国外公共文化服务保障的立法经验与启示［J］.经济社会体制比较，2017（04）：118-126.

② 任鹏.中外科普活动比较研究［J］.今日科苑，2020（05）：39-45.

③ 赵玉龙，鞠思婷，郭进京，杨思飞，陈秀娟，欧阳峥峥.发达国家科学传播政策分析以及对我国的启示［J］.科普研究，2022，17（03）：72-82，104，109.

这里以美国国家航空航天局为例，其网站专门设有公众入口，整合了NASA可以面向公众展开公共服务的所有资源，提供公众可以理解的新闻、图片、视频、教程以及线下活动的科普活动时间表。[①]同样地，科研机构通过开设网站进行科学传播，如英国研究理事会网站设有英国科学、科学与社会、气候变化等版块。[②]

西方国家对科学传播内容创作非常重视，并积极鼓励相关组织和个人参与。许多正式和非正式的科学写作组织应运而生，这些组织不仅为科学传播内容创作提供了平台，还设立各种科学写作奖项，激发创作者的热情和创造力。在科学写作组织中，科学作家协会最为典型。美国、英国、加拿大三国科学作家协会均为全国性学会，协会会员均以科技新闻记者为主，也包括以科学传播为目的、利用各种媒介开展创作和活动的其他人士。例如，美国的科学服务通讯社、促进科学写作委员会等科学写作服务机构，会为科学传播者提供科学信息资源获取、写作培训等服务。科学媒体中心在科学写作服务中扮演着重要角色，如英国科学媒体中心主要面向非专业记者，专门为没有报道科学问题经验和能力的记者及编辑提供支持。发达国家设立了各种科学写作奖来奖励在科学写作方面有突出贡献的作者。例如，科学作家奖（英国），美国科学作家协会奖和"社会中的科学"奖（美国），图书奖、科学传播奖、科学新闻奖以及数据新闻奖（加拿大）。[③]

---

① 周彧.美国的"互联网+科普"[J].科学新闻，2017（12）：65-66.

② 赵玉龙，鞠思婷，郭进京，杨思飞，陈秀娟，欧阳峥峥.发达国家科学传播政策分析以及对我国的启示[J].科普研究，2022，17（03）：72-82，104，109.

③ 赵玉龙，鞠思婷，郭进京，杨思飞，陈秀娟，欧阳峥峥.发达国家科学传播政策分析以及对我国的启示[J].科普研究，2022，17（03）：72-82，104，109.

与此同时，世界各国也意识到互联网传播在科学、文化领域的重要性，纷纷通过立法手段对相关内容进行规制，以确保互联网传播内容的科学、准确、公正、健康，遏制虚假信息、不良信息的传播，维护公众的知情权和利益。美国宪法第一修正案、德国《基本法》等法律均明确规定公民的言论、表达自由权利，但也提出了公民言论自由的原则与条件。同时美国的《通信内容端正法》、德国的《多媒体法》《青少年媒介保护国家公约》等法律规制了互联网传播内容。①

十是加强科学传播专业人才培养

科学传播是推动科学知识普及、提高公众科学素养的重要途径，而专业人才的培养则是实现科学传播目标的关键。世界各国都非常重视科学传播专业人才的培养，采取多种措施，构建科学传播专业人才培养机制。

美国出台了相关的职业教育法，保障科学传播工作者享受良好的继续教育权利，建立可被国家和各州实施跨教育机构复制且行之有效的培训模式。同时，为保障从事科学传播工作人员的培训效果，提高业务水准，美国国家科学基金会每年将科学传播研究经费的5%用于人员的继续教育，从资金上保障人才的岗位能力提升。②美国的科学传播实践中，大学和科研院所是重要的传播者和培养后备力量的摇篮。美国高校开展科学传播研究较早，培养中注重实践，致力于培养专业型人才，强调与市场结合、与一线工作者互动。1908年威斯康星大学成

---

① 张思光.完善科普法制体系 推进科普法治建设［J］.中国科学院院刊，2018，33（07）：667-672.

② 李攀.西方科学传播法治对我国《科普法》修订的借鉴价值探析［J］.科普研究，2022，17（02）：92-94.

立生命科学传播系，是世界上最早的科学传播院系之一。20 世纪 50 年代开始，该系与新闻与大众传播学院合作共同培养科学传播专业的博士生，其成就名列世界各高校前列。①英国政府注重对科学家的培训，要求他们将晦涩难懂的科学概念和理论用通俗易懂的语言传播给公众。日本政府建立了专业的科学传播人才培养体系，2005 年起，将北海道大学、早稻田大学和东京大学作为培养基地，培养具备丰富科学技术知识和良好沟通交流能力的科学传播人才，有效促进了日本科学传播的发展。为了响应时代的需要，日本不仅在上述三所大学，还在日本全国各地的很多大学都相继开设了以培养具有丰富的科学技术相关知识与良好的沟通交流能力为目标的人才培养项目。东京工业大学开设了"科学技术传播论"的课程；名古屋大学展开了"科学传播培养事业"；2005 年 4 月，大阪大学开设了科学传播设计中心（CSCD），同时还设立了以普通市民为服务对象的科学咨询处、科学咖啡馆、哲学咖啡馆，以科学技术交流和纠纷解决为目的的专题讨论会、中小学教育中理科教育教案的设计与实践（阪大科学教室）等。②

5. 引导性规制与评估协同使用

国外在推进科学传播行政规制的过程中，主要采用引导性的行政规制策略，同时注重与评估活动的协同。通过评估了解公众对科学的态度和需求，监测政策实施成效，并将评估结果作为新政策制定的依据。这种策略有助于促进政策法规的有效落实，确保实现预期效果。

---

① 刘克佳.美国的科普体系及对我国的启示 [J].全球科技经济瞭望,2019,34（08）:5-11.

② 王蕾，杨舰.21 世纪日本科学传播相关国策综述 [J].科学，2016，68（02）：56-59.

一是强调科学传播效果评估

西方国家在政策制定之初，通常会制定详细的评估工作实施细则。为了对 STEM 教育进行监测评估，美国国家科学研究委员会（National Research Council，NRC）专门成立了"K-12 STEM 教育实施评估委员会"，并制定了比较科学有效的 K-12 STEM 教育监测指标体系。①

西方国家还非常注重评估工具的开发、评估标准的制定，以及评估数据库的建立，以加强科学传播工作的评估能力。这些工具和标准为评估工作提供了科学、客观的依据，有助于提高评估的准确性和可信度。经过百年的发展，美国科普展览评估已经形成了严谨的制度化评估体系。这个体系涵盖了评估前的准备、评估过程中的实施以及评估后的总结与反馈三个阶段，确保了评估工作的全面性和系统性。在评估工具方面，美国已经发展出一系列成熟且专业的评估工具，这些工具涵盖了定性评估和定量评估两个方面，能够全方位、多角度地对科普展览进行深入的评估。众多专业评估机构作为独立第三方参与实践，这些机构通常具备丰富的评估经验和专业知识，能够为科普展览提供客观、公正的评估意见。为了实现信息的共享和交流，美国还建立了网络数据库，用于分享评估方法、评估报告等相关信息。这种共享机制不仅有助于提高评估工作的效率和质量，还能够保证评估的公正、客观与科学性。例如，1974 年，美国第一个观众研究组织"观众研究与评估委员会"（VREC）在美国博物馆协会的支持下诞生。美国国家科学基金会和美国国家航空航天局都对展览项目制定了严格的项目审批和评估制度。1998—2007 年，美国国家航空

---

① 赵玉龙，鞠思婷，郭进京，杨思飞，陈秀娟，欧阳峥峥.发达国家科学传播政策分析以及对我国的启示［J］.科普研究，2022，17（03）：72-82，104，109.

航天局曾与莱斯利大学合作对太空科学教育和公众推广项目进行了外部评估。①英国规定要开发能更好定义和测量科学传播活动质量、影响和覆盖面的工具，开发共享研究结果和方法的评估数据库——"集体存储"（Collective Memory）。应确保由专家开发适当的评估资源，Sciencewise-ERC开发评估工具包用于评估公众对话项目，从而为科学传播活动资助者、政策制定者和科学传播从业者的科学传播活动的有效开展提供依据。澳大利亚"激励澳大利亚"这一项目中提出为设计、选定和审查有效的科学参与活动开发证据基础，增强战略性研究和评估能力。澳大利亚建立科学传播证据基础，开发基于研究的公众科学参与有效评估工具，提升战略性研究和评估能力，研究公众的科学态度和行为，以及现有科学参与活动的影响力，以指导政府及其合作伙伴未来开展有效的投资和决策。②

此外，西方国家的一些知名科学传播活动也注重评估环节，评估活动的影响，向出资方说明活动资金的用途和使用效果。如爱丁堡国际科学节每年活动结束后会形成年度总结回顾手册（Annual Review），对当年科学节的整体情况进行回顾和评估，包括科学节总结的年度报告（Directors Report）、节日亮点（Festival Highlights）、教育和宣传（Education and Outreach）、特殊项目（Special Project）、未来项目（Future Project）、财务（Finance）等内容，并在官网上面向全社会公开。③

---

① 刘克佳.美国的科普体系及对我国的启示［J］.全球科技经济瞭望,2019,34（08）:5-11.

② 杨娟.中英美澳科学传播政策内容及其实施的国际比较研究［D］.西南大学,2014.

③ 任鹏.中外科普活动比较研究［J］.今日科苑,2020（05）:39-45.

二是评估结果影响政策制定

西方国家在制定科学传播政策法规的过程中，非常重视参考之前的相关政策法规评估，根据评估结果来进一步出台或改进政策法规，为开展下一阶段的工作奠定基础。通过这种方式，政策制定者可以更好地了解公众对科学传播的需求和态度，以及政策法规的实施效果，从而制定更加科学、合理、有效的政策法规。

以美国 STEM 教育为例，其于2013年发布的《美国联邦政府STEM教育五年战略计划》便参照了2011年的监测评估数据。之后美国每个财年在对STEM科学教育进行规划制定和拨款时，都会参考上一年甚至几年前的评估数据。这种闭环工作模式，便于实时监测政策实施情况，并根据监测结果做出相应调整，使政策法规能够有效落实，从而达到预期效果。①

（二）经验借鉴

通过域外经验考察发现，很多国家将科学传播视为国家战略层面的重要议题，通过完善法律、制度、政策促进科学传播能力提升，推动其规范化、制度化发展。这里结合我国科学传播行政规制的发展实际，从行政规制目标理念、行政规制权力分配、政策法规制定过程、典型科学传播活动、社会力量动员机制、科学共同体与媒体合作机制以及评估评价体系七个方面总结提炼可供借鉴的经验做法。

---

① 赵玉龙，鞠思婷，郭进京，杨思飞，陈秀娟，欧阳峥峥.发达国家科学传播政策分析以及对我国的启示［J］.科普研究，2022，17（03）：72-82，104，109.

1. 行政规制紧跟国家战略的调整节奏

通过前面的论述可以看到，无论是欧美还是日韩，促进公众理解支持科技创新，培养储备高素质科技创新人才，在全社会营造浓厚的创新文化，这些行政规制的目标理念已经成为世界各国的共识。同时，各国制定科学传播相关政策法规也非常注重与本国国家发展战略的结合。例如，二战结束初期，美国为了在军事上与苏联相抗衡，通过了《国防教育法》，旨在培养大量国防科技人才，满足国家安全的基本需求。1982年，美国对《国防教育法》进行了修订，强调要加强科技人才的培养以应对苏联、德国、日本等强国在科技、贸易、空间领域、战略武器方面的挑战。进入 21 世纪，历届美国政府更加重视 STEM 教育在促进科学传播和提高美国公众科学素质上的作用，不断增加在 STEM 教育方面的投入，相继出台政策巩固 STEM 教育在科学传播中的战略地位。[①]

我国国情正在发生深刻变化，"两翼理论"为我们明确了科学传播的定位，为新时期的科学传播指明了方向。在此背景下，我国科学传播行政规制也要根据经济社会发展需求，动态调整规制理念，在全社会形成浓厚科学文化氛围，推动科学传播与科技创新协同发展，以不断适应新形势、新挑战。

---

① 李攀.西方科学传播法治对我国《科普法》修订的借鉴价值探析［J］.科普研究，2022，17（02）：92-94.

2. 不同行政规制主体权力的科学分配

世界各国根据本国国情，形成了不同的政策实施策略。正如前文中提到的，美国、日本、韩国在政府主导的前提下，发挥民间团体的力量，而英国和澳大利亚主要依靠政府和学术研究机构发挥作用，这些典型模式为我国科学传播的行政规制提供参考。同时，西方国家在规制权力分配上非常注重各类主体之间的协同，这种协同机制不仅有助于提高规制效率，还能促进各主体之间的交流与合作，共同推动科学传播事业的发展。

以美国"太空STEM特别行动"为例，2022年9月，美国国家科学与技术委员会发布《跨部门规划：加强太空领域STEM教育及从业者培养》（Interagency Roadmap to Support Space-Related STEM Education and Workforce）规划报告，又称"太空STEM特别行动"。这份报告围绕太空领域的科学、技术、工程、数学（STEM）人才培养提出政策建议。美国联邦政府的空间STEM工作组成员计划与相关行业、K-12教育系统、学术界和非营利部门合作，在全国范围内促进与空间相关的STEM教育和职业道路。[①]

可见，西方国家政府主导、多主体分工协作的科学传播行政规制模式相对成熟，我国可以结合实际，借鉴相关经验做法，引导行政机关、科研机构、媒体、学会、协会等各类组织共同参与科学传播行政规制，形成相互协同相互制约的行政规制权力科学配置模式。

---

① 贺亿.NASA以太空教育落实美国STEM教育特别行动［J］.上海教育，2023（14）：40-43.

3. 多方共同参与政策制定的科学经验

西方国家在制定科学传播相关政策法规的过程中，积极鼓励多部门分工协作，共同参与相关政策法规的制定。同时，他们强调借助第三方专业决策咨询机构的力量，以确保政策制定的科学性和合理性。此外，他们还注重广泛吸收社会公民的意见和建议，以增强政策法规的针对性和可操作性。这种多元主体协作和广泛参与的方式有助于提高政策制定的科学性、效率性和透明度。

例如，前文中提到的美国科学和技术政策办公室、美国国家科学技术委员会以及总统科技顾问委员会作为美国政府科技咨询机构，为美国科技发展和国家战略提供了强有力的支撑。又如，英国皇家学会作为英国资助科学发展的组织，在英国起着全国科学院的作用，不仅促进了公众理解科学活动，还通过对话开辟了有关科学的公共会谈空间。英国皇家学会于 2000 年开始实施"社会中的科学"项目，启动了就有关科学问题对话的系列活动，这个项目体现了英国皇家学会的一个核心价值——长远地推动社会对科学、工程和技术的责任和响应的角色。英国皇家学会积极展开广泛的科学对话，并与科学共同体合作，使对话的精神深入人心并突出了公共政策发展的机制。[①]

随着科学传播在我国的广泛渗透，公众对科学的热情日益高涨，社会各领域参与科学传播政策制定的意愿也在逐步加强。因此，我国在制定科学传播相关政策法规时，可以有选择地借鉴国外的规制

---

① 陈江洪，厉衍飞.英国皇家学会的科学文化传播［J］.科普研究，2010，5（01）：61–65.

经验，鼓励多方共同参与，发挥专业机构的建言献策作用，不断扩大面向公众的征求意见范围，从而提高政策制定的科学性和民主性。

4. 多元科学传播主体开展的科学活动

通过对各国科学传播行政规制对象和规制行为的梳理，我们发现国外的行政规制内容非常广泛，包括科学传播的基础设施建设、畅通科学家与公众的对话渠道、鼓励企业成为传播主体、组织开展独具特色的公众科学传播活动等。

以科学传播活动形式为例，国外科学传播活动经过多年的发展，已形成了比较成熟的模式，历年的活动形式也大体类似，一般包括科学工作坊、科学秀、互动活动、展览、技术展览会、科技交流会等。如科学节基本包括上述的各种科学传播活动；再如美国"庆祝爱因斯坦节日"，包括与物理学家进行现场访谈、以展示黑洞和引力波为灵感的舞蹈等，活动形式融合了科学和艺术。[1]另外，国外科学传播主体中非营利组织占主导地位。以科技节为例，有研究者梳理了全球65个国家的161个科技节的基本信息后发现，欧洲科技节的组织者中属于非营利性组织的占半数以上。[2]这种非营利组织主导的科学传播模式，有助于提高科学传播的普及性和影响力，推动科学知识的传播和科学文化的发展。从总体上看，目前我国科学传播活动的举办主体仍以政府为主，可以借鉴国外经验，通过灵活多样的行政规制手段，推动更多主体组织参与科学传播活动。

---

① 任鹏.中外科普活动比较研究［J］.今日科苑，2020（05）：39-45.

② 金莺莲.全球科技节的兴起原因与发展策略分析［J］.科普研究，2018，13（04）：74-83，109.

5. 科学共同体与媒体合作的规制引导

从域外科学传播规制分析来看，国外非常注重促进科学共同体与媒体的合作，以提升科学传播的影响力，强调对网络、社交等新媒体的舆论引导和不良内容的规制，这些经验做法值得我国借鉴。

以英国科学界鼓励科学家与媒体良性互动为例，英国皇家学会在1985年的《公众理解科学》报告中写道："科学家对媒体不信任、缺乏理解，并且经常不情愿也没有能力与记者进行恰当的交流。"[①]2000年，英国上议院科学技术特别委员会发布了《科学与社会》报告，报告提出了两种改变科学家与媒体关系的方式：一是改变媒体的行为，二是改变科学家与媒体打交道的行为。在这样的背景下，英国科学媒介中心于2002年在伦敦正式成立，以重塑公众对科学的信心为最终目标，将着眼点放在传播过程中科学家和媒体交互的环节，通过促进科学家和媒体间的互动和合作，力求媒体对具有争议的科学议题进行准确、客观、理性的报道[②]。这一中心将科学家和记者作为服务对象，以促进两者之间的沟通和互动为主要目标，被视为"最早诞生的科学与媒体之间的中介机构"。[③]此外，英国皇家学会也鼓励科学家与媒体对话，如发布"与媒体友好的科学家目录"建议，目录包括精确性、可信性、平衡性、不确定性、合理性、建议和责任等方面内容，希望在学术界和新闻界培育一种开放积极的科学传播对话模式。

---

① 刘华杰.科学传播读本［M］.上海：上海交通大学出版社，2007：171-180.

② 胡璇子，诸葛蔚东，李锐.英国促进科学家与媒体互动关系初探——以科学媒介中心为例［J］.科普研究，2013，8（03）：5-11.

③ 贾鹤鹏.科学传播获得新动力——第七届世界科学记者大会侧记［J］.科普研究，2011，6（04）：93-96.

　　我国可以借鉴英国科学界鼓励科学家与媒体良性互动的经验，加强科学家与媒体之间的沟通和合作，促进科学传播的准确、客观、理性报道。可以考虑建立类似英国科学媒介中心的中介机构，为科学家和记者提供交流和合作的平台，促进科学传播事业的发展。此外，还可以通过发布类似"与媒体友好的科学家目录"等方式，鼓励科学家与媒体对话，提高科学传播的质量和效果。

6. 综合运用各种规制手段的规制策略

　　为广泛动员各类主体参与科学传播，西方国家采用丰富的规制手段，涵盖了资金来源、奖励激励、广泛动员、税收减免、人才培养等政策的制定，此外还注重与市场调节和社会自治的协同联动，形成了社会广泛参与的科学传播规制格局。

　　以丰富资金来源为例，不同国家科学传播活动的资金主要来自政府资金和社会赞助两大渠道，政府提供的资金相对有限，但来源更加多元。正如前文所述，西方国家在开展大型科学传播活动时，举办方会积极争取企业和基金会等机构的支持。在欧美国家的科技节中，主要运转资金通常来自赞助商，赞助商的类型多样，除政府相关部门以外，还包括各类专业的研究协会、私人基金会、科技公司和其他类型的企业等。各类型赞助商的资助比例不固定，通常各类基金会或企业的赞助比例远高于政府资助。这种多元化的资金来源有助于确保科学传播活动的顺利进行。

　　与西方国家相比，我国科学传播活动的资金来源仍以政府出资为主，资金来源渠道相对单一，通过行政规制手段鼓励多元化筹资的措施还不够，企业作为创新主体投入科学传播活动的积极性和活跃性还有待提高。我国科学传播资金的来源渠道包括政府拨款、捐赠、自筹资金和其他来源。科学传播经费支出包括科普活动支出、科普场馆基建支出、行政支出和其他支出，其中，科普活动是最主要的支出，占到了科普资金总额的50%以上。以科技活动周为例，我国科技活动周资金来源有政府拨款、企业赞助和其他来源，每年科技活动周的主要资金来源是政府拨款，来自企业赞助的资金很少。[①]因此，需要综合运用各种规制手段，进一步拓宽科学传播资金来源渠道，引导更多主体参与到科学传播活动中来。

7. 科学传播政策效果评估的科学体系

西方的科学传播效果评估体系较为健全，第三方评估机构广泛参与。近年来，我国第三方评估发展迅速，积累了丰富的评估经验。随着科学传播活动国际化的不断发展，第三方评估的需求将进一步增加，对科学传播活动实施效果评估提出更高要求。

从国外科学传播评估的经验案例可以看到，加强评估不仅可以提高科学传播活动的质量和效果，还可以为政府和社会提供更加科学、客观的决策依据。我国在制定科学传播政策法规的同时，可以参考构建完善政策法规效果评估体系，评估体系应该包括实施评估细则，从需求、执行过程、政策效益、政策影响等方面了解公众态度，监测政策

①　任鹏.中外科普活动比较研究［J］.今日科苑，2020（05）：39-45.

实施效果。除了评估政策本身,对各类科学传播活动、科学传播场馆也应制定绩效指标并依此进行评估,评估报告可以作为后续政策修订和资助的依据。还可以借鉴美国、英国等国家的经验,开发科学传播活动的评估工具,建立相关评估数据库,借助相关工具和数据库对各项科学传播活动进行效果评估,并对最佳科学传播方法、活动案例进行推广。

第五章

科学传播行政规制的原则与对策建议

　　当前，世界百年未有之大变局加速演进，我国正处于实现中华民族伟大复兴的关键时期，面对实现高水平科技自立自强、构建新发展格局、推动高质量发展等重大时代课题，"两翼理论"下科学传播的基础性、战略性、全局性地位更加凸显。鉴于我国科学传播发展有自身的特点和规律，对我国科学传播的行政规制采取简单的"移植性"分析是不够的，需要结合我国实际情况具体分析，探索切实可行的规制策略和建设路径。（见图10）

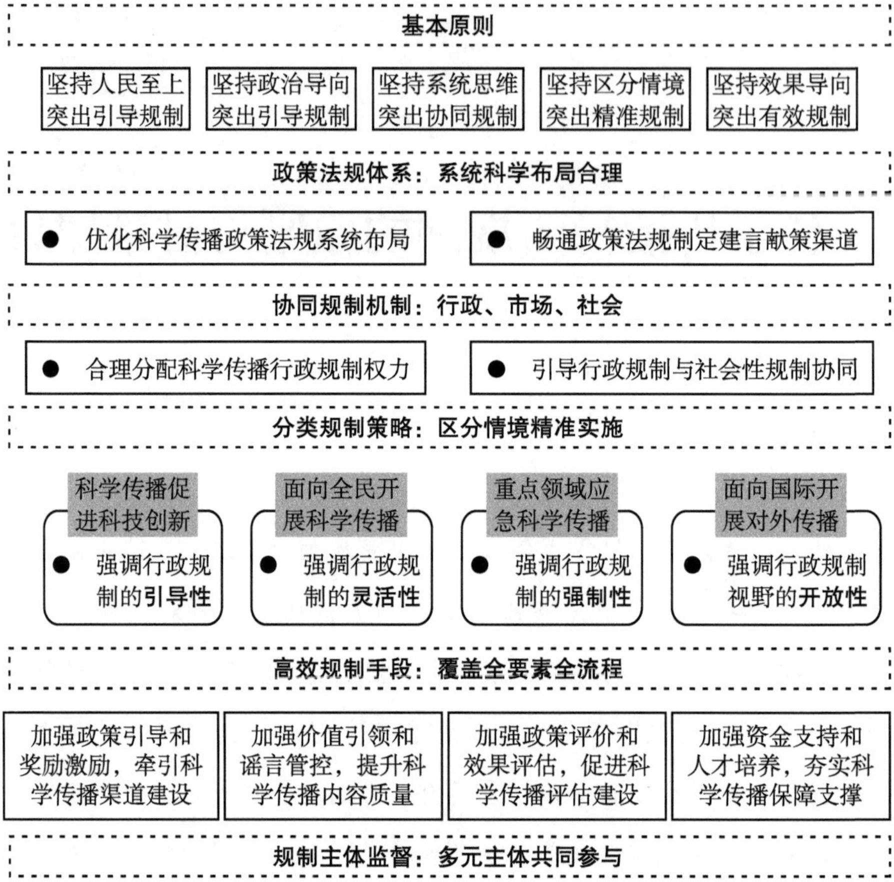

基本原则

坚持人民至上 突出引导规制	坚持政治导向 突出引导规制	坚持系统思维 突出协同规制	坚持区分情境 突出精准规制	坚持效果导向 突出有效规制

政策法规体系：系统科学布局合理

- 优化科学传播政策法规系统布局
- 畅通政策法规制定建言献策渠道

协同规制机制：行政、市场、社会

- 合理分配科学传播行政规制权力
- 引导行政规制与社会性规制协同

分类规制策略：区分情境精准实施

科学传播促进科技创新	面向全民开展科学传播	重点领域应急科学传播	面向国际开展对外传播
强调行政规制的**引导性**	强调行政规制的**灵活性**	强调行政规制的**强制性**	强调行政规制视野的**开放性**

高效规制手段：覆盖全要素全流程

加强政策引导和奖励激励，牵引科学传播渠道建设	加强价值引领和谣言管控，提升科学传播内容质量	加强政策评价和效果评估，促进科学传播评估建设	加强资金支持和人才培养，夯实科学传播保障支撑

规制主体监督：多元主体共同参与

图 10 "两翼理论"视域下科学传播行政规制建设路径

（一）基本原则

1. 坚持人民至上突出民主规制

在新发展阶段、新发展理念、新发展格局下，科学传播应当坚持以人民为中心的发展思想，科学传播行政规制要坚持民主原则，切实保障落实公民所具备的科学权利中的参与权、保障权、平等权等，确保科学传播发展为了人民、服务人民，实现以人民为中心与依法行政规制的统一。

2. 坚持政治导向突出引导规制

坚持党的领导，把党的领导贯彻科学传播工作全过程，突出科学传播的政治属性，强化价值引领，科学传播行政规制要突出引导性，以"两翼理论"为根本遵循，推动科学传播服务人的全面发展、服务创新发展、服务国家治理体系和治理能力现代化、服务推动构建人类命运共同体的新使命，为实现高水平科技自立自强、建设世界科技强国奠定坚实基础。

3. 坚持系统思维突出协同规制

科学传播全面融入科技、经济、社会、生态等各个领域，科学传播行政规制要加强系统谋划和顶层设计，注重与市场调节和社会自治协调联动，形成既包括宏观体制环境和制度环境，也包括风俗习惯和社会环境、全社会共同推动的协同规制环境，推动政府干预与市场机制、行政规制与社会自治的平衡。

4. 坚持区分情境突出精准规制

科学传播与科技创新、经济社会发展各环节紧密融合，科学传播行政规制要立足提升公民科学素质、促进科学技术创新、提升国际传播能力等不同传播情境，选择与之相适应的规制手段，制定行之有效的规制策略，实施精准规制，更好地适应新时代科学传播的发展要求。

5. 坚持效果导向突出有效规制

科学传播主体日趋泛化、渠道逐渐丰富、内容不断更新、受众日益广泛，传播效果评估和资金人才保障要求越来越高，科学传播行政规制要紧紧围绕我国科学传播能力建设，推进规制理念创新、灵活运用规制手段、调整优化规制范围，不断提升行政规制的实效性。

（二）对策建议

新时代对科学传播行政规制提出了一系列新要求，要把"两翼理论"作为推进行政规制工作的行动指南，构建科学布局、运行高效的协同规制机制，制定区分情境、精准实施的分类规制策略，明确覆盖全要素、全流程的科学规制范围，健全多元主体共同参与的严密监督体系，不断推动我国科学传播事业的高质量发展。

1. 把"两翼理论"作为行政规制的行动指南

贯彻落实"两翼理论"是推行科学传播行政规制的根本要求，"两翼理论"中提出的科学普及与科技创新同等重要理念，在我国近年发布的相关政策法规中均有贯彻与体现。《全民科学素质行动规划纲要（2021—2035年）》《"十四五"国家科学技术普及发展规划》和《关于新时代进一步加强科学技术普及工作的意见》从多个角度明确了落实科学普及与科技创新同等重要理念的措施路径，主要包括：完善科学普及与科技创新同等重要的制度安排，各级党委和政府要把科普工作纳入国民经济和社会发展规划、列入重要议事日程，与科技创新协同部署推进；构建科学普及与科技创新协同发展机制，形成科学普及与科技创新之间良性互促的发展格局；强化科技创新主体科普责任意识，企业和科技工作者进一步增强科普责任等。

面对新形势、新任务，我国科学传播面临诸多问题和挑战，需要进一步发挥科学传播行政规制的指导功能，引导各级党委政府、行业主管部门以及社会力量全面贯彻习近平总书记重要指示及党的二十大精神，落实科学普及与科技创新同等重要、推动科技创新与科学普及协同发展的重要制度安排，提高思想认识，深化科普理念，统筹设计协同发展机制并制定相关配套实施条例。

2. 构建科学系统布局合理的政策法规体系

一是优化科学传播政策法规系统布局

我国目前的科学传播行政法律规范呈现出分散的特征，缺乏全面性和系统性，要以"两翼理论"为指导，进一步健全和完善科学传播行政法规体系，全面分析科学传播、科技创新、全民科学素质建设发展的要求，完善现有的政策法规。要因时因需制定新的政策措施，扩大政策体系的覆盖面，建立互相协调、具有横向和纵向体系化特点的政策法规体系。横向体系化要求根据科学传播发展的需要，通过制定和出台新的政策法规，消除空白点，特别是在新兴产业领域、数字科学传播、科学传播产业发展、调动社会主体参与科学传播的积极性方面，需要出台系统化的法规措施；纵向体系化则要求在明确相应法规的同时，制定具体的配套制度，提出更为具体的推进措施，保证政策法规得到切实的执行和落实。在立法体系方面，要加强现行的科学传播相关法律、制度体系与科教文卫及新闻出版等领域法规的有效衔接；要巩固实践中行之有效的现行法律制度，细化丰富相关条款以增强法律的可操作性，还要结合发展形势和实践经验，补充增加新的制度措施。当前，国家层面已出台《中华人民共和国科学技术普及法》，地方层面各省（区、市）也陆续出台科学技术普及条例等，但科学传播公共服务缺乏统一的执行标准，可考虑从加强科学传播基础设施建设、明晰科学传播行政管理规则、保障科学传播公共服务公平普惠等维度对我国科学传播公共服务标准进行规范和完善。

在推进科学传播行政规制中，既要注重《中华人民共和国科学技术进步法》《中华人民共和国科学技术普及法》等硬法的约束，也要强调《"十四五"国家科学技术普及发展规划》《全民科学素质行动规划纲要（2021—2035年）》《关于新时代进一步加强科学技术普及工作的意见》等软法的应用。建议在国家层面政策文件的纲领框架下，健全科学传播方面包括行政法规、部门规章、地方法规、制度规范等在内的科学传播行政法律规范体系，以及各类政治组织创制的旨在解决执政、参政、议政等问题的自律规范、各社会共同体创制的自治规范等软性规范[①]。例如，建立健全有关科技工作者从事科学传播工作的政策体系，并配套以细化制度；各级科技管理部门、项目资助机构健全各类科学传播活动的管理和考核规范；各科研机构、高等院校结合实际制定科技工作者科学传播工作的制度规范；建立监督机制，确保各项政策与规范制度落地执行等。

---

① 沈岿. "为了权利与权力的平衡"及超越——评罗豪才教授的法律思想［J］. 行政法学研究，2018（04）：38-50.

二是畅通政策法规制定建言献策渠道

习近平总书记指出，要加快建立科技咨询支撑行政决策的科技决策机制，加强科技决策咨询系统，建设高水平科技智库。①近年来，公众参与科学传播的意愿越来越强烈，社会各方参与科学传播政策制定的诉求逐年加强，在我国科技政策制定过程中，要设置公众征求意见环节，不断拓宽向社会公众征求意见的渠道，便于政策制定主体及时、准确、系统地掌握相关事实证据和科学建议，为科学决策提供支撑；制定科学传播政策还应进一步完善多元化沟通的交流方式，鼓励科研机构、高等院校、科协组织、权威智库等第三方专业机构参与政策评估和制定，提升科学传播相关政策法规的科学性和有效性；在相关行政法律法规中明确公众对科学传播行政规制建设的参与权、知情权和监督权，赋予公民通过合法渠道与政府对话的权利，切实保障公众参与相关公共事务管理的权限和地位，保障公众参与有法可依。

3. 引导走向行政、市场和社会协同规制机制

一是合理分配科学传播行政规制权力

科技融入经济社会发展的各方面，促进了科学传播与多个领域的密切融合。科学传播的主体渐趋多元、内容不断更新、受众日益广泛、渠道日趋丰富，全社会共同参与的大科普格局逐渐形成，相关政策法规内容不断丰富，仅依靠单一行政机构很难满足行政规制的需求，越来越多的政府、行业主管部门、科协组织等成为科学传播的行政规制主

① 习近平.为建设世界科技强国而奋斗——在全国科技创新大会、两院院士大会、中国科协第九次全国代表大会上的讲话［N］.人民日报，2016-06-01（2）.

体。目前我国科学传播行政规制主体的职权范围界定还不够明确，因此对不同规制主体的科学传播行政规制权进行合理有效的分配十分必要。

科学传播行政规制主体权的边界划分应当首先遵守效益原则：市场竞争机制能够有效自行调节的领域，行政机关不应当介入；行政规制的成本应当小于市场失灵的成本；行政规制可以弥补市场失灵的缺陷时，行政机关应当在多种可供选择的规制措施中选择符合效益最大化原则的一种。①同时，围绕"两翼理论"对科学传播提出的新要求，进一步厘清科学传播行政规制主体涵盖的范围，应当包括哪些具体权力，各项权力如何在不同主体之间进行科学配置，进而从顶层设计上明确各相关主体行政规制权的分工，实现科学传播行政规制权属的科学配置。此外，设定科学传播行政规制权必须符合法定权限和法定程序，科学传播行政规制的赋予、规制事项的范围、条件、行政规制主体的资格及其法律责任等重要事项都应当由相关法律作出统一规定。②

二是引导行政规制与社会性规制协同

新行政法和规制理论主张建立全方位、多主体、网络化的社会和行政共同参与规制的治理体系，让行政机构、行业协会、媒体、企业、公众等都参与到治理网络中来，各自发挥比较优势，共同实现规制目

---

① 杨建华.对规制者的规制——兼谈行政规制的效益原则 [J].山西大学学报（哲学社会科学版），2004（05）：63-67.

② 杨建顺.中国行政规制的合理化 [J].国家检察官学院学报，2017（5）：82-174.

标，实现多方共同参与的合作规制。①在科学社会化、社会科学化的大科学背景下，科学传播行政规制更加强调使命导向，更加注重对社会责任、秩序、公平正义的追求，在政府引导、多元主体参与、市场化运行的基础上建立科学传播的运行机制，要进一步完善科学传播工作组织协调机制，在明确各规制主体权边界以及相互之间关系的基础上，逐步建立起多元规制主体协调配合、高效运转的协同规制机制；充分发挥科普工作联席会议机制的效用，深入研究科技创新与科学普及协同发展的相关问题，细化目前已出台的政策、法律、法规，引入更多科学普及力量，推动科技创新主体和科学普及主体全方位、多渠道的交流与融合；在社会化动员方面，充分发挥科协系统、全国学会和地方科协"一体两翼"的组织优势，形成各类规制主体协同联动的规制格局，推动科学传播与教育、文化、卫生、体育、旅游的融合发展；在此基础上，进一步融合政府、市场、社会，打造多元主体广泛参与、多方利益合作、多样化规制工具选择、去中心化、非强制性规制手段为主的规制模式，推动科学传播从单一的行政规制走向综合、高效、灵活的协同规制。

4. 采取区分情境精准实施的分类规制策略

一是针对科学传播促进科技创新强调行政规制的引导性

促进科学传播与科技创新协同发展，科技创新政策与科学传播政策、科研技术成果与科学传播内容、科学研究人员与科学传播人员实现

---

① 湛中乐，郑磊.分权与合作：社会性规制的一般法律框架重述［J］.国家行政学院学报，2014（01）：71-75.

有效协同。其中，企业、科研机构等科学共同体作为创新主体，既是市场主体，也是传播主体，如果简单采用限制性或强制性的行政规制手段，必然会破坏市场正常秩序，同时也难以真正发挥行政规制的作用，因此在促进科学传播与科技创新协同发展过程中，要突出行政规制的引导性功能。

在科学传播促进科技创新方面，要通过行政规制引导科学传播向更加开放、更加精准、更注重参与协同和共享发展。鉴于科技成果普及在科技创新与科学传播协同发展中具有非常重要的意义，建议相关部门强化顶层设计，适时出台专门的政策文件，通过明确总体目标、协调机制、激励措施等方式，促进行政规制引导作用的发挥。依照《"十四五"国家科学技术普及发展规划》中的要求，鼓励围绕科技成果开发系列科学传播产品，运用科学传播引导社会正确认识和使用科技成果，通过科学传播加快科技成果转化；鼓励科技企业、众创空间、大学科技园等创新载体和专业化技术转移机构，结合科技成果转化需求，加强科学传播功能；依托科技成果转移转化示范区、高新技术产业开发区等，搭建科技成果传播平台。

当前，科学传播已经进入公众科学服务的阶段，与之相应的行政规制也要体现公众对科学议题的恰当关切和对科学议程的合理设定。要充分发挥规制的引导作用，提升公众参与科研的意识和能力，激发公众的参与热情。以高水平科研团队为公众科学科研活动的基本单元，鼓励科学家群体主动与公众合作；通过传统官方和主流媒体积极宣传公众参与科研的概念、运行模式和意义，打破科研工作者自身的精英意识，同时建立行之有效的激励措施鼓励科学家主动与公众合作，针对公众关心、感兴趣的科学议题展开研究，并在项目设计中更多地考虑公众的参与需要；扩大公众参与监督科学组织及科学行为的渠道方式，包括参与评估科学项目的民生收益、曝光科学不端行为、参与审批科研预算等。

在科技创新引领科学传播方面，要强化企业科技创新主体地位，加速推动形成企业为主体、产学研协同融合的创新体系，充分发挥企业在关键核心技术创新和重大原创技术突破中的重要作用。因此，要综合运用各类引导性行政规制手段，大力推进企业、科研院所等创新主体科技资源的科普化，加大具备条件的科技基础设施和科技创新基地向公众开放的力度，因地制宜开展科学传播活动；引导科学传播关注国家科技发展重点方向和科技创新政策，在社会形成理解和支持科技创新的正确导向，为科学研究和技术应用创造良好氛围；通过行政规制方式，引导相关组织实施各级各类科技计划（专项、基金），合理设置科普工作任务，充分发挥社会效益；引导科学传播关注国家科技发展重点方向和科技创新政策，在社会中形成理解和支持科技创新的正确导向，为科学研究和技术应用创造良好氛围；综合运用行政规制、市场调节和社会自治等规制手段，鼓励企业、科研机关、高等院校等创新主体深度参与科学传播，促进科学传播与科技研发、产品推广、创新创业、技能培训等有机结合，把科学传播作为其履行社会责任的重要内容；通过行政奖励的方式，设立科研人员科学传播奖项，提高科研人员参与科学传播的意愿，等等。

二是针对面向全民开展科学传播强调行政规制的灵活性

全民科学素质提升需要广泛动员社会各方力量共同参与，其中科学传播的受众越来越广，针对不同受众群体的传播目的和方式也有所不同。《"十四五"国家科学技术普及发展规划》中要求抓好公民素质提升工作，突出强调培育一大批具备科学家潜质的青少年群体、提升领导干部和公务员科学履职能力、提升制造业从业人员职业技能、提升农业从业人员科学素质、提升老年人科学生活能力。《关于新时代进一步加强科学技术普及工作的意见》中提出要强化科普在终身学习体系中的作用，从强化基础教育和高等教育的科普、强化对领导干部和公务员的科普、强化职业学校教育和职业技能培训中的科普、强化老龄工作中的科普四方面提出了具体要求。这就要求科学传播供给模式既要满足普惠共享要求，又能适应个性化、精准化的需要，从普遍覆盖转向精准供给，相应地，科学传播行政规制要结合多样化科学传播的场景需要，灵活选择规制手段及策略，实现精准规制。

通过行政计划与规划、指导等手段，引导建立科学对话交流平台，如科学咖啡馆、共识会议等，为科学家开展公众对话开拓更多渠道；组织开展科学节、科学竞赛、科学辩论会等各类科学传播活动，充分体现亲和力，促进公众积极参与科学传播；鼓励优秀科普作品创作，建立健全写作培训与科学信息资源提供服务机制，帮助科学家将科学信息准确传递给媒体及公众；落实《"十四五"国家科学技术普及发展规划》中的要求，针对老年人等群体的科学传播，加强行政监督检查力度，以提升信息素养和健康素养为重点，提高老年人适应社会发展的能力；实施智慧助老行动，提升老年人信息获取、识别和使用的能力，有效预防和应对网络谣言、电信诈骗；针对科学传播资源城乡分布不均问题，通过行政规制手段引导社会科普资源向欠发达地区农村倾斜，开展兴边富民行动、边境边民科普活动和科普边疆行活动，大力开展科技援疆援藏，提高边远地区农民科技文化素质；针对领导干部和公务员科学履职能力提升，突出相关政策法规的协同作用发挥，认真贯彻落实《干部教育培训工作条例》《公务员培训规定》，加强前沿科技知识和全球科技发展趋势学习，突出科学精神、科学思想培养，增强领导干部和公务员把握科学发展规律的能力。①

加强公众科学素质国际组织建设，通过行政规制手段促进科学素质领域的全球性、综合性、高层次的交流合作平台建设，在连续举办世界公众科学素质促进大会的基础上，引导创建公众科学素质国际组织，加强国际科学素质标准建设，持续开展科学素质交流合作项目，分享增强人民科学素质的经验做法，推动共享发展成果。

三是针对重点领域应急科学传播强调行政规制的强制性

2023年，科技部组织起草了《中华人民共和国科学技术普及法（修改草案）》，在修改说明中提到，国家在必要时强制科普，建设应急性科普响应机制和公众信息公开机制。《中华人民共和国科学技术普及法（修改草案）》第三十六条明确提出，国家加强自然灾害、卫生健康、安全生产、应急避难等领域的科普工作，建立应急科普资源库和专家库，搭建国家应急科普平台，完善应急性科普响应机制和公众信息公开机制，提升公众依靠科学的应急处理能力和自我保护意识，维护社会稳定。应急性科普具有典型的自上而下、及时准确、广泛动员的科学传播特征，因此在必要时要突出行政规制的强制性。

---

① 李红林.领导干部和公务员科学素质提升的挑战与对策［J］.科普研究,2021,16（04）：74–79，110.

要落实《"十四五"国家科学技术普及发展规划》中的部署要求，加强应急科普行政规制，推动建立健全国家应急科普协调联动机制，完善各级政府应急管理预案中的应急科普措施，推动将应急科普工作纳入政府应急管理考核范畴；统筹自然灾害、卫生健康、安全生产、应急避难等科普工作，加强政府部门、社会机构、科研力量、媒体等协调联动，建立应急科普资源库和专家库，搭建国家应急科普平台。目前我国重大突发事件应急科学传播仍存在不准确、不及时、不规范等问题，这与各类主体责任界定不明确有关。因此，要根据《中华人民共和国传染病防治法》《中华人民共和国突发事件应对法》等上位法，进一步明确不同主体在应急科学传播中的职责，界定应急科普的主体责任，明确政府的应急管治权、科学家的内容生产权和媒体的信息传播权的责任范畴，完善三方主体责任认定、责任追究、责任监督与失责救济体系等，不断通过行政规制手段加速构建多方协同机制；建立政府应急科学传播责任的追究体系，明确政府应急科学传播监督程序及主体，做到有法可依、有章可循、有责可追；加强对媒体应急科学传播行为的监管，制定媒体从事应急科学传播的法律规范，设立媒体机构内部把关和外部监管的双重机制，要求在突发事件状态下，所有媒体发布的科学传播内容均需注明原创作者及机构信息，建立内容生产者与传播者责任共担机制，对制造、散播谣言，传播伪科学的媒体给予行政处罚，涉嫌违法犯罪的移交司法机关；加强对社会媒体谣言的传播监管，对恶意传播、散布谣言的媒体按照现有法律规定予以惩戒，为应急科学传播营造良好的媒介生态。

制定具有可操作性的应急科学传播管理办法和行为准则，将应急科学传播纳入制度化、规范化、法制化轨道，在细化应急科学传播管理规范的基础上，适时出台应急科学传播地方性法律法规；针对具有公共风险的科技问题，通过行政规制鼓励建立科学家与公众的公共对话平台，拓宽公民参与渠道，采取诸如沟通会议、公民评判、公民座谈等方式，为科学共同体与公众对话创造更多的形式和载体；健全完善应急科学传播人才政策和激励机制，甄别应急科学传播达人，挖掘应急科学传播专家团队，建立应急科学传播专家库和应急科学传播志愿者人才信息库，实现应急科学传播人才信息采集和动态管理。

四是针对国际科学传播交流强调行政规制视野的开放性

国际化合作是科学传播工作高质量发展的重要方向。党的二十大报告中提出，推动构建人类命运共同体是中国式现代化的本质要求，明确要求增强中华文明传播力影响力，坚守中华文化立场，提炼展示中华文明的精神标识和文化精髓，加快构建中国话语和中国叙事体系，讲好中国故事、传播好中国声音，展现可信、可爱、可敬的中国形象，推动中华文化更好地走向世界。要发挥行政规制的引导作用，加强国际传播能力建设，全面提升国际传播效能，形成同我国综合国力和国际地位相匹配的国际话语权。

《关于新时代进一步加强科学技术普及工作的意见》中强调，要健全国际科普交流机制，拓宽科技人文交流渠道，实施国际科学传播行动；引进国外优秀科普成果，积极加入或牵头创建国际科普组织，开展青少年国际科普交流，策划组织国际科普活动，加强重点领域科普交流，增强国际合作共识；打造区域科普合作平台，推动优质资源共建共享。要充分发挥行政规制的引导作用，加强重点领域的科学传播交流合作，应对未来发展、粮食安全、能源安全、人类健康、灾害风险、气候变化等人类可持续发展面临的共同挑战，加强青少年、妇女和教育、媒体、文化等领域的科技人文交流。加强行政规制，组织优质科普资源与世界公众科学素质组织筹委会成员单位共享，引导推动优质科普资源国际共建，开展流动科技馆、"一带一路"国际巡展，依托科普场馆、学会及地方社会组织等开展国际学术交流和培训活动，探索常态化科普国际合作的有效途径。

对外科学传播是提升我国科技成果国际影响力，吸引世界范围内多元主体参与我国科技创新、扩大世界市场占有份额的重要方式。应充分重视科学传播在应对全球问题挑战、推进人类社会可持续发展和建立人类命运共同体方面的作用，引导开展对外科学传播，深化科技人文交流，增进文明互鉴，提出促进全球公民科学素质提升的中国方案。针对我国对外科学传播仍受国际政治经济环境干扰的"科学问题政治化"现象，要进一步丰富科学传播行政规制手段，突出行政规制视野的开放性。

5. 综合运用覆盖全要素全流程的规制手段

一是加强价值引领和谣言管控，提升科学传播内容质量

当前，科学传播呈现主体多元化、内容复杂化、渠道多样化的特征，一定程度上存在"娱乐化""市场化"的倾向，传播内容在扩散过程中容易出现偏差，具有不良导向性的科学传播信息可能经病毒式传播扩大负面影响，不利于科学舆论阵地的健康发展，阻碍公众形成应有的正确认识。《关于新时代进一步加强科学技术普及工作的意见》中提出，

要坚持正确政治立场，强化科普舆论阵地建设和监管；增强科普领域风险防控意识和国家安全观念，强化行业自律规范；建立科技创新领域舆论引导机制，掌握科技解释权；坚决破除封建迷信思想，打击假借科普名义进行的抹黑诋毁和思想侵蚀活动，整治网络传播中以科普名义欺骗群众、扰乱社会、影响稳定的行为。

在媒体融合的背景下，要运用规制手段引导科学传播主体不仅要突出重点，在传播内容精细化、精准化上下功夫，更要避免在媒介转化过程中发生信息变质，严格把控传播风险；既要注重在生产科学传播作品时有意识地融入正确的导向信息如科技自信和科技创新能力，以塑造积极的科学文化导向，并将科学传播产品的导向性纳入内容生产能力培养体系和监管审查机制之中，也要加强对科学传播内容导向性监管的力度和敏锐度，尤其是防止不良导向的信息阻碍科学传播效果，加强对互联网中不合规科学传播内容的监督管理。此外，还要对科学传播作品夸大宣传等问题进行治理，广泛调动社会各方主体共同参与监督，建立公众举报、专家审核的监督把关机制。

二是加强政策引导和奖励激励，牵引科学传播渠道建设

伴随融媒体时代的到来，媒体在科学传播中的作用越来越重要。《关于加快推进媒体深度融合发展的意见》中要求，科技传播主体要推动传统媒体和新兴媒体在体制机制、政策措施、流程管理、人才技术等方面加快融合步伐，建立以内容建设为根本、先进技术为支撑、创新管理为保障的全媒体现代传播体系。落实《"十四五"国家科学技术普及发展规划》部署，引导中央、地方及行业主要新闻媒体参与科普创作与报道，推动在广播、电视、新闻媒体平台、综合性报刊的重要

时段或重要版面设立科普专栏专题，打造一批群众喜爱的科普品牌栏目；充分利用有线电视网络资源开展科普服务，提升科普进学校、进家庭的效能；大力发展网络科普，发挥网络新媒体传播速度快、互动性强、覆盖面广的优势，支持适应新媒体特点的科普内容创作和传播载体建设；鼓励和支持以短视频、直播等方式通过新媒体网络平台科普，培育一批具有较强社会影响力的网络科普品牌；打造具有市场竞争力的科普类期刊集群，培育世界一流科普期刊；探索科普传播新形式，重视发展科普讲解、科学演示、科学脱口秀等新型传播形式，增强科学传播效果。

面对融媒体给科学传播带来的新机遇和新要求，要进一步加强对全媒体科学传播矩阵构建的规制引导，推动搭建科学传播信息交流共享平台，构建完善科技创新主体和科学传播主体的信息交流共享机制，确保媒体机构能在第一时间获取重要科研论文等最新成果，为创作优秀科学传播作品提供条件；鼓励科学传播主体尽快占领新兴传播阵地，以互联网思维优化资源配置，做大做强网络平台，借助动漫、游戏、影视、虚拟现实（VR）、增强现实（AR）等创新传播模式，通过微信公众号、微博、头条、抖音、哔哩哔哩、知乎等受众广泛的新媒体平台，建设即时、泛在、精准的信息化全媒体传播网络；在传统媒体方面，要引导给予科技期刊更多资金支持，打破各自为战的发展格局，组建大型科技期刊集团；鼓励科研人员将优秀论文发表于国内，在各类评奖、评优中进一步提高发表于国内科技期刊的科研论文权重；引导科学传播主体将内容作为提升科学传播引导力的根本，保证科学传播内容的科学性、专业性和权威性；引导推进科学传播内容生产方式的创新，建立国家级权威科学传播平台，组建融媒体科学传播联盟，实现科学传播信息共享，高效产出科学、权威的科学传播内容。

三是加强政策评价和效果评估，促进科学传播评估建设

为落实科学普及与科技创新同等重要的战略要求，加强科学传播相关政策法规评估，国家和相关部门出台了一系列引导性政策，以科学传播评估作为软性规制的重要方式，加强相关政策评估的规范化和制度化建设。

鉴于目前相关科学传播政策评估不足等情况，为检验掌握政策的执行情况、效率和效能等，建议建立定期评估机制，重视事前政策评估环节，同时注重政策评估反馈的时效性和地域性，厘清政策在不同时期和地区的效用，因时而异、因地制宜地及时调整政策；面对加强科学传播能力建设的新要求，科学传播能力的要素越来越多元化，尤其在全媒体时代，依托网络开展全方位、立体化科学传播的传播能力建设尤为重要，在科学传播能力评估中，要重新审定反映科学传播能力的评估要素，充分考虑当前科学传播的新特点，将信息化、科技资源科普化、国际交流与合作等纳入科学传播能力评估范畴；面对突出科学传播价值引领作用的新要求，科学传播承担着服务人的全面发展、服务创新发展、服务国家治理体系和治理能力现代化的新使命，在以往强调科学知识普及效果的基础上，科学传播效果评估要拓展科学精神和科学家精神弘扬效果的评估，突出营造科学理性社会氛围的规制导向；面对科学传播融入经济社会发展全局的新要求，在重视绩效管理的基础上，要把科学传播项目作为推进科普工作的重要抓手，全面审视其在经济社会发展中的作用，从而

合理科学地释放科学传播的经济潜力；在项目评估过程中，一方面要严格遵循预评估、形成性评估和总结性评估的制度流程，注重在评估过程中加入反映促进经济发展状况的指标，推动科学传播项目融入经济发展大局，不断提升评估的信任度和美誉度，另一方面要注重评估科学传播项目在经济社会发展中的总体定位，发挥科学传播项目在经济发展中应有的作用。

四是加强资金支持和人才培养，增强科学传播保障支持

在科学传播过程中，相关机构支持、经费保障以及专业人才培养是确保科学传播顺利开展的基础条件和重要前提。落实《关于新时代进一步加强科学技术普及工作的意见》，引导构建多元化投入机制，要求各级党委和政府保障对科普工作的投入，将科普经费列入同级财政预算；鼓励通过购买服务、项目补贴、以奖代补等方式支持科普发展；鼓励和引导社会资金通过建设科普场馆、设立科普基金、开展科普活动等形式投入科普事业。依法制定鼓励社会力量兴办科普事业的政策措施；壮大科普人才队伍，培育一支专兼结合、素质优良、覆盖广泛的科普工作队伍；优化科普人才发展政策环境，畅通科普工作者职业发展通道，增强职业认同；合理制定专职科普工作者职称评聘标准；广泛开展科普能力培训，依托高等学校、科研院所、科普场馆等加强对科普专业人才的培养和使用，推进科普智库建设；加强科普志愿服务组织和队伍建设。

构建多元化投入机制需要行政规制与市场调节的综合运用，壮大科学传播人才队伍需要行政规制与社会自治的灵活组合。发挥行政规制引导作用，以长期稳定的经费保障支持科学传播工作，通过设置直

接面向科学传播工作的专项项目，各级科技计划项目逐渐增加一定比例的科研经费，保障稳定且充足的科普经费投入。企业既是科技创新主体，也是科学传播主体，在满足市场机制前提下，适当采用合理的行政规制手段，引导企业投入资金开展科学传播，在履行科学传播社会责任的同时，促进科技创新和成果转化；引导各类科学研究机构、社会团体为科技工作者创造条件、搭建平台、提供机会，服务和支撑各主体开展科学传播活动，鼓励和支持科技工作者结合本职工作开展科学传播；加强科学传播能力培训，加强与科学传播专业机构的合作，定期开展面向各部门、依托单位和科研人员的科学传播专业技能培训，对开展科学传播工作积极主动、科学传播内容丰富、方法新颖、成效卓著的依托单位和科研人员予以表彰奖励；健全各类评审及奖励制度，落实科学传播、科学普及类职称评审，加大对优秀科学传播人员的奖励力度。

6. 健全多元主体共同参与的严密监督体系

当前，规范政策制定权已经纳入全国依法监督之中，可以充分借助国家权力性监督和非国家权力性监督的合力，包括人民代表大会及其常务委员会、行政系统内部（包括行政规制上级行政机关）、司法机关、政协、社会组织、社会舆论、公众群体等，形成对行政规制主体全方位全过程的监督。从源头上对行政规制事项的设置进行监督制约，加强人大及其常委会对科学传播行政规制的事前监督；司法部门组织科学传播执法监督，通过深入开展科学传播行政执法案卷评查、专项行政执法监督活动等方式，突出对行政机关相关行政执法质效的评估，促进科学传播行政执法规范化建设；依托社会组织、媒体舆论、社会公众对科学传播行政规制开展更广泛的社会性监督，逐步构建起多方主体共同参与，各类监督方式相互补充、相互协调的严密监督体系。

第六章

研究不足与未来展望

（一）研究不足

本书的研究对象是"两翼理论"下的科学传播行政规制研究，梳理科学传播及行政规制研究类别下的既往研究成果，未见对这一主题的系统性研究，因此本书的选题具有一定的创新性和开拓性，但也缺乏过往研究成果作为参照。本书的研究者以科普与科技创新的"两翼理论"为理论基础，剖析中国式现代化、创新发展宏阔背景下科学传播工作的机遇与挑战，围绕科学传播行政规制建设的主题，梳理科学传播行政规制的概念、渊源及发展历程，分析我国科学传播行政规制存在问题、运行机制，探讨推进科学传播行政规制的必要性。借鉴并总结域外科学传播行政规制经验，阐述我国科学传播行政规制的基本原则，并结合科学传播与科技创新协同发展的典型场景，从规制理念创新发展、规制权力合理配置等方面提出科学传播行政规制体系建设的对策建议，探索行政规制的具体举措和实践路径，从而回答"应该建设什么样的科学传播行政规制体系""如何建设我国科学传播行政规制体系"的重要问题。本书的研究取得了开创性成果，但也存在一定的研究局限性，主要体现在研究方法、研究者知识结构及实践经验三方面。

一是研究方法存在一定的局限

本书主要采用了文献研究法、案例研究法、比较研究法、历史研究法等，具有显著的实证研究特征，其中科学传播与科技创新协同发展的典型场景分析，也主要在实证研究基础上进行。实证研究方法自进入我国科学传播领域之后，科学传播研究的精确性和科学性得到很大程度的提高，研究方法和体系更加丰富和完善，取得了丰硕的研究成果，在一定程度上推动了科学传播学的进一步发展，但在科学传播实践的不断深化发展中，实证研究暴露出不可避免的缺点，本书的研究局限性，主要来自实证研究方法在理论研究方面的短板与不足。科学传播行政规制领域的实证研究还处于起始阶段，其实证研究的学理知识含量较低，容易出现"只见描述不见分析""只见树木不见森林"的状况。当前，科学传播行政规制领域的实证研究，尚未产生具有广泛影响力的理论观点和研究范式。本书研究的理论观点及提出的研究范式，尚待在后续的研究中进一步确证、丰富、发展。此外，本书采用的案例研究法，所选取案例的典型性仍有一定的提升空间。因域外科学传播规制在资料收集上存在一定困难，因此未能在科学传播政策史比较研究方面进一步深化。

二是研究者知识结构尚需进一步优化

本书研究议题的理论价值主要体现在对科学传播行政规制进行体

系化研究，明确行政规制权配置、规制手段选择等重难点问题，从而填补在科学传播行政规制权及行政规制实践等方面的研究空白。此外，本书还积极探索科学传播行政规制的具体场景及科学传播行政规制体系建设的实施对策，具有重要的实践意义。本书的资政性理论诉求主要立足于解决现实问题，开展对既往规制经验及域外规制经验的应用性分析，因此对研究者的知识结构优化提出较高要求，研究者要具备合理的知识结构，既要在科学传播和行政规制相关学科上拥有丰富知识，也要妥善处理好学科间的关系，以便在研究中应用多学科知识，并在多学科交叉融合中实现规范性知识与经验性知识的平衡与融合。本书的研究课题属于传播学、新闻学、行政学、行政法学等多学科的交叉领域，研究者未免在个别领域存在一定欠缺，随着研究者的知识结构不断丰富优化，未来的研究将不断探索融合学科领域、打破知识边界，获得更高质量的研究成果。

三是欠缺行政规制领域的实践经验

在某种意义上，行政规制研究是一种问题导向的政策分析理论，是为了彻底解决问题综合运用各种法律手段、法律机制和法律思想的理论，借用法学、经济学、政治学、公共管理学理论，来对真实世界的社会现象进行分析，讨论行政规制的进路与得失，提出可能的规制改革方略。[①]本书将规制理论与具体行政领域结合，讨论了科学传播行政规制的制定和实施、改革与创新，但对于一些实践性问题，因经验限制未能展开，如在科学传播产业界与政府规制部门之间的博弈、科学传播的

---

① 李卓谦，董兵.政府规制理论与实践的权威著作——宋华琳等新译《牛津规制手册》面市［N］.民主与法制时报，2018–11–29.

内容规制、科学传播平台规制、科学传播规制与科技创新的互动关系等方面尚欠缺具体的案例研究。有关规制话语、规制实践与规制理论等方面的研究仍有待深化，在科学传播规制影响评估、科学传播规制国际合作、科学传播风险及应急规制方面仍有一定的探究空间。

（二）未来研究方向

一是在政策史研究基础上分析科学传播政策的效用

进一步加强科学传播政策史史料分析，分析政策与我国科学传播发展的相关性，为健全科学传播行政规制提供参考依据。

科学传播政策史就是科学传播政策的历史，但研究对象并非只是具体的科学传播政策，它还涉及科学传播史中影响政策制定的传播模式、制度安排、科普战略、政策能力以及科学传播政策的历史变迁等诸多方面的研究。未来的科学传播政策史研究主要关注的议题是科学传播政策史的结构与变迁，包括影响科学传播发展战略与政策制定的制度结构及其历史变迁、制定政策的行政机构及其政策能力、科学传播政策对行业发展的影响、政策效果评估等，以便为借鉴科学传播史中科学传播政策的得失提供更深邃的历史分析。科学传播政策史研究框架包括科学传播政策原理、科学传播政策与科学传播理论的关系、影响科学传播政策制定的各种因素、科学传播政策的制定执行过程和科学传播政策实际效果评估等。针对我国目前和今后科学传播政策制定面临的挑战，对他国科学传播政策史进行系统的比较研究，不仅可以使我国在科学传播政策制定和执行的过程中少走弯路，避免重大错误，还可以为重大科学传播政策制定提供灵感，从而为更符合中国式现代化、高质量发展战略目标要求的科学传播行政规制体系建设提供重要理论参考。此外创建"科学传播政策史"子学科，扩大科学传播学科的研究范围，对科学传播及行政法学中的科学传播行政规制研究具有重要的学科建设意义。

二是拓展学科边界研究科学传播实践新范式新形态

在未来的研究中，还应当融合社会学、心理学、传播学、政治学、行政学、行政法学、管理学的知识体系，与不同学科、不同范式、不同方法深入交叉，相互借鉴，通过多元观点的碰撞，拓展学科外延，深入分析科学传播实践中的新范式、新形态，探索更加切实有效的应对策略。

本书研究的核心问题是"两翼理论"下的科学传播行政规制，既有学科交叉背景下的社会科学理论研究，推动学术创新，为解释不断涌现的新问题、新现象提供理论指引，又有针对中国科学传播发展亟须解决问题的应用对策研究，从而积极为国家宏观决策提供参考借鉴。虽然基础理论研究和应用对策研究在研究内容、研究范式、研究目标上有一定差异，但实际上基础理论研究和应用对策研究并没有孰优孰劣之分，学理价值与实践意义并不冲突，未来研究中应找准两者之间的平衡点，做到取长补短、相互促进。本书研究类别属于社会科学研究，社会科学研究的各种方法、工具、研究视角必然存在一定局限性，研究者的知识结构也需要与时俱进不断优化，因此，本书未来研究方向的目标设定不宜贪多求全，而应有所取舍。对于发现的新问题、新现象，可以先采取应用对策研究，将主要目标放在寻求科学传播具体问题的解决办法上。在此基础上，见微知著，与不同领域学者思维碰撞，总结问题背后的规律，再进行理论研究，从而完成从现实经验到学术理论的升华。如果科学传播行政规制的理论研究改进了已有方法工具，可以将学理创新作为主要目标，在改进科学传播行政规制的应用对策研究中不断对理论发现进行求证、检验、丰富和完善，从而将科学传播行政规制的学理思辨真正落实于经世致用。

三是从行政法视角研究科学传播面临的挑战及机遇

坚持以习近平中国特色社会主义、科普和科技创新理论为指导，在百年未有之大变局、中国式现代化、新科技革命、创新发展及媒体融合背景下审视科学传播行政规制，从行政法视角深入研究数字化背景下科学传播面临的挑战及机遇。

随着互联网技术和移动新媒体的迅速发展，尤其是移动互联网的发展，我国传媒产业发展迅速，通过媒体融合和产业融合，在用户巨大"流量"的加持下，出现了具有广泛影响力的网络公司，如抖音、今日头条、腾讯等，改变了传统的传媒产业格局，注入了新的发展活力。互联网平台作为一项重要的基础设施，对科学传播的生态格局进行了再造重塑，同时也引发了科学传播主体泛化、内容泛化和渠道泛化等问题，科学传播的泛化虽然激活了科学文化的创新活力，但也使科学传播面临科学权威边缘化、知识供需失衡以及科学精神异化的困境。在传媒技术的赋能下，目前的科学传播行业处于融合发展的变革时期，现行法律法规制度不够完善，不利于行业的健康有序发展。未来的研究将更多地关注行政规制与法律规制的失衡、科学传播与传媒产业融合规制，更深入地探索如何转化规制理念，加强行政规制与法律规制协同联动，如何构建融合规制主体，如何强化社会性规制等举措加强科学传播融合规制建设，如何在信息传播渠道多元化的全新产业形态下，积极采用多元规制手段引导科学传播内容生产协同机制形成，从而向受众提供权威、可靠、高质量的内容信息，为科学传播产业的融合发展创造良好的社会环境。未来研究还需要继续关注科学传播行政规制理念的转变，在问题意识下思考科学传播模式变革和方式方法创新，尤其是需要研究如何建构适应现代法治行政要求的科学传播规制价值理念，立足中国特定的政治、经济、社会和文化背景，结合中国的法律规范、法律制度和制度实效，思考科学传播规制机构、规制工具、规制程序和规制责任的合法性与有效性，分析中国科学传播行政规制职能的形成机理，从而建构中国科学传播行政规制的法理基础。

四是探究科学传播行政规制权及规制行为的合理性

当前，我国科学传播因主体渠道泛化等因素尚存在行政规制权权属不清、规制行为不规范、缺乏严格明确的规制标准和程序等问题，规制事项处理带有一定的随意性。此外还存在监督不力、管理不严、责任不明、缺乏有效权利救济途径、规制项目在不同规制部门之间职能交叉等情况，因此未来还需要对科学传播行政规制权权属及规制合理性问题进行深入研究，从两个层面展开科学传播 行政规制合理性问题研究：一是应否采用行政规制和采用何种行政规制手段，这是事关政府职能转变的根本性问题。二是在设立行政规制的基本制度框架下，结合新的发展要求，继续探讨行政规制具体举措及实施路径。 科学传播行政规制可以将《行政许可法》《中华人民共和国科学技术普及法》作为基本法规范，并参照《中华人民共和国行政处罚法》《中华人民共和国行政强制法》和《中华人民共和国立法法》等法律规范进行综合适用，贯彻有限政府原则，遵循经济和社会发展规律，参照不缺位、不越位、不扰民的必要性判断标准，切实保障各项规制在"实施机关、条件、程序、期限"方面符合基本法规范要求。行政规制的合理性确定，是以所设定行政规制的合法、合理为前提，对具体的规制方式和规制流程进行技术性架构，提供相应的法律规范和理论支持，相关规制方式和流程的合理性支撑，在很大程度上体现为其能否实现便利性和实效性的目标追求，遵循"最为科学合理且简便易行的方法和方式"及"手续、程序越简单越好"的行为导向。对于科学传播行政规制不同主体的规制权权属及规制行为合理性，如何在立法、行政、司法、普法等各层面确定，仍需要进一步探究。

五是深入推进科学传播行政法规制典型案例研究

加强科学传播行政法规制相关案例研究，为行政法典的制定提供资料来源及实践依据。在未来行政法典的制定过程中，可以从科学传播现有行政规制体系的科学传播法律法规、规范文件等资料中选取具有典型性、代表性的条目进行整理提炼，为行政法典提供有学理价值的思想来源。此外，科学传播行政规制研究中的实践案例可以为行政法典的制定提供经验借鉴。新的行政法典超越行政法和行政法治的客观实在，使行政法精神、规制技术乃至体例构成等都有所升华。传统行政法资源和行政法治中可能强调行政法的管理属性，而新的行政法典则要对行政法进行适当转型，由管理属性转化为给付属性或者其他属性。[①]新行政法和规制理论主张在社会性规制领域引入综合规制框架，以平

---

① 关保英.行政法典制定中中国行政法优良基因的存续[J].法学，2023（11）：42-56.

衡自由与安全价值，本书研究的科学传播行政法规制问题，主要研究内容涵盖了科学传播行政规制法律法规体系建设及多元规制主体的规制行为，其中法律法规既有"软法"也有"硬法"，规制行为既有硬性规制也有软性规制，都反映了新公共管理理念影响下规制缓和的普遍性规制改革诉求，与政府及授权部门职能由管理为主到引导、服务为主的转变密切相关，此类研究案例可以为行政法典制定提供实践层面的参考与借鉴。